海の地政学

從捕鯨業到自由航行的海洋地緣史

海上霸權

霸権をめぐる400年史

竹田いさみ

竹田勇美——著　鄭天恩——譯

目錄

序言

近四百年來的海洋史，首先可以回溯到十五世紀的世界航線擴張，接著歷經十七世紀英荷兩國的海上爭霸、大英帝國的繁盛、兩次的世界大戰與冷戰，直到對海洋秩序的摸索，以及今日所面對的種種課題。本書試著從地緣政治學的視野來描繪這四百年來的歷史進程，而不論當中的哪一個時代，「航行自由」都是最重要的主題。

在此，謹針對本書所使用的重要詞彙加以說明：

所謂「**霸權國家**」，指的是在政治、外交、軍事、經濟等各方面具有壓倒性影響力，公認足以主導世界各國局勢的國家；因此，「**海洋霸權**」就是指霸權國家在海洋領域中，所呈現出的種種樣貌。

「**海洋實力**」（sea power），在本書中和「霸權國家」基本上是同義，特別是指該國的影響力，在海上極端明顯的狀況。

至於「**海上秩序**」，其內容雖然會因時代而異，但大致上可以這樣解釋：由霸權國家、或是國際聯盟／聯合國等國際社會，定義出獲得多數國家遵從的概念與規則，並為了保持理想狀態，而將之化為某種決議或架構。比方說，十八到十九世紀的「不列顛和平」、二十世紀的「美利堅和平」，以及後述的聯合國海洋法公約，都屬於此列。

接下來，所謂「**海洋規則**」與「**國際規則**」，指的則是當時的霸權國家與國際社會（本書中主要為聯合國）所制定，關於海洋的具體政策與法律。兩者之間雖然沒有嚴密區別，不過「國際規則」主要是指依據聯合國海洋法公約，所建立起來的海洋規則。

最後是書名「**海洋的地緣政治學**」。所謂「**地緣政治學**」，是一種將海洋定義為地理空間，並將國家政策與國家行動和地理環境結合思考的概念；本書將這樣的概念當作一種方法，並加以象徵性的使用。

在本書的前半段（第一到第三章）中，尚能以故事性的方式，敘述海洋作為地理空間被支配的時代。但是到了後半段（第四到第六章），談到第二次世界大戰後的杜魯門宣言，與聯合國海洋法公約的制定，也就是海洋從強權支配的時代，轉移到受管理狀況下的時代；要論及這個轉變期，就必然得以制度論、組織論、法律論、政策論、現狀分析為中心，因此和前半部分的書寫方式，在調性上會有所差異，這點應當順便提及。

說到底，日本是一個從海外輸入原料，將之加工成品質優良的製品，再向世界輸出，以此獲取豐厚利潤的貿易國家。若是將原料和製品的重量（以噸數為基準）彙整統計，按照貿易資料，在所有的輸出入貿易中，約百分之九十九點六，都是仰賴海上運輸（航空運輸則只佔了百分之零點四），因此依靠商船的貿易航線，其重要性自古至今都不曾改變（資料來源：二〇一七年統計，日本船主協會）。當然，航空運輸的比重正在提高，而從金額來看，航空運輸佔貿易量的比例也不斷增加，但就算如此，海上運輸的重要性仍然不可動搖。

對島國日本而言，這樣的情況自是理所當然，但對其他各國來說，海洋同樣左右了它們的命運。大航海時代的例子固不用提，整部世界史的軌跡，其實就是環繞著海洋霸權而產生；為了確保和國家利益直接連結的海洋霸權，大國最關心的事，莫過於如何參與到海洋秩序的行程之中。

在海洋霸權、海洋秩序形成的歷史中，有著形形色色的參與者登場。大航海時代，登場的是西班牙、葡萄牙、英國，還有荷蘭。十九世紀，英國成為海上霸主，當時序邁入二十世紀後，則是美國崛起，和英國在海洋實力方面並駕齊驅。之後，針對高唱海洋權力的美國，新興的獨立國家紛紛開始表示異議；面對這種狀況，以聯合國為中心，開始討論起海洋秩序的建構方案。

各個國家為了防止某國單獨支配海洋的情況出現，於是在一九九四年通過了俗稱「海洋憲法」的聯合國海洋法公約（United Nations Convention on the Law of the Sea，UNCLOS）；到了二〇一八年六月，已經有一百六十七個國家和歐盟參與締約。這項公約統整界定了領海（十二海里）、鄰接區（二十四海里）、經濟海域（Exclusive Economic Zone, EEZ，兩百海里）、大陸棚、公海、島嶼和岩礁的定義，以及海洋航行的規則等，期盼能兼顧海洋的和平利用與開發。雖然仍有美國尚未締約等問題存在，但這項「海洋憲法」還是逐漸在國際社會拓展開來，成為眾人認知的規範。

然而進入二十一世紀後，中國加速踏足南海海域，並著手進行人工島填海造陸的建設，擺出一副挑戰「海洋憲法」的姿態。現代海洋秩序是根據海洋公約所建立的，而第一個挑戰它的國家，即是中國。

本書主要是以近現代的國家為對象；不過，因為聚焦在對海洋秩序形成大有影響的中國動向上，所以對於和日本在經濟海域彼此相鄰的俄羅斯、韓國、北韓、台灣等，就略過不提了。但是今後，隨著北極海航線的重要性日益高漲，俄羅斯所扮演的角色，毫無疑問將日益吃重。故此，我在這裡必須針對本書的侷限之處，稍稍事先說明一下。

在第一章中，我首先會稍微提及國家開始面向海洋的「大航海時代」，接著把主軸放在十七到十九世紀，對英國在海洋實力上的發展進行分析。第二章的主角，則是十九世紀新加入賽局、以捕鯨業為主軸，參與海上霸權競爭的美國。第三章的內容，是闡述建設巴拿馬運河、力圖強化海軍的美國，如何透過兩次世界大戰，取英國而代之，在海洋實力上一步步站穩地位的經過。第四章以堪稱二十世紀海洋革命的「杜魯門宣言」為中心，詳述美國主導的新海洋秩序形成，以及聯合國海洋公約的制定過程。第五章檢視挑戰世界海洋秩序的中國動向，第六章則是針對扮演「海洋法主要執行者」一角的日本，該如何應對進行考察。海洋法的執行，除了按照國內法——海上保安廳法以及警察官職務執行法——行使警察權以外，更包括了依循以海洋公約為首的國際秩序，進行領海警備、排他性經濟海域的維護與管理，甚至是防範海盜等行動。

面對動盪的海洋秩序，我們該如何因應才好？就像陸地過去曾是分裂支配的領地一樣，海洋也有過同樣的歷史。回顧過去這四百年間海洋的歷史，我把焦點放在海洋秩序與海洋規則的變遷，從海洋視野出發，重新掌握近現代史。希望透過這樣的整理，能夠將海洋環繞的日本所面臨的種種課題，清楚傳達給讀者，如此則幸甚之至。

第一章　控制海洋的大英帝國

本書的目標是透過大國的霸權與秩序形成、以及不時借用的地緣政治學發想，來闡述與伴隨國家的誕生、受到國家支配的海洋歷史。要注意這一點，就必須將目光回溯到世界海洋史的發端，也就是遙遠的十五世紀——「大航海時代」。儘管對世界各國而言，當時的海洋乃是處於一片自由且無秩序的環境下，但這些國家企圖從地理上著手支配海洋的行動，也是屢見不鮮。這當中包括了大航海時代西班牙和葡萄牙對大西洋的瓜分、荷蘭法學家格勞秀斯（Hugo Grotius）為否定葡萄牙控制海洋而提出的「海洋自由論」、英國為了從沿海地區驅走荷蘭等外國漁船而主張的「領海權」（山本草二《海洋法》），乃至英國對海洋帝國的建設。本章就從大航海時代開始，一直到以十九世紀為巔峰的歐洲海洋霸權，透過大國的變遷與海洋秩序的形成，重新回顧這段歷史。

大航海時代與西班牙、葡萄牙的涉足海洋

在開始探討長達四百年的海洋史之前，首先要提及西班牙和葡萄牙所進行的、世界第一次的海洋瓜分行動。西班牙與葡萄牙在十五到十六世紀，陸續派出帆船進行遠洋航海，透過探險與發現，不斷拓展其商業貿易。這個時代，正可以視為歐洲海洋史的開端。當時的人們深信，「海」是向所有人開放的事物，每個國家也都能自由地利用「海」。

這個時代並沒有領海或將海洋領地化的概念，整個海洋就是一片自由無秩序的領域，任憑基督教世界的各個大國自由分割其勢力範圍。西班牙國王派遣的哥倫布船隊於一四九二年發現新大陸；以此為契機，西班牙和葡萄牙對海洋的涉足驟然加速，兩國之間展開了激烈的競爭。畢竟，這個時代具備帆船遠洋航海能力的，就只有這兩個國家而已。

基督教世界對海洋的分割支配

有鑑於西班牙與葡萄牙這兩個大國的海上競爭，很有可能發展成危險的嚴重對立，西班牙於是拜託教皇亞歷山大六世（Alexander VI）調停，並劃分勢力範圍；這就是一四九三年確立的「教皇子午線」。

教皇以跨越大西洋的維德角群島（Cape Verde）西方一百里格（約五百公里）處的子午線為界，規定以西海域為西班牙所有，以東海域則為葡萄牙的領地。「子」是指「北」、「午」則是指「南」，因此子午線也可以稱為南北線；一般而言，我們將和赤道呈直角交叉、連結北極點與南極點的大圓，通稱為「子午線」。

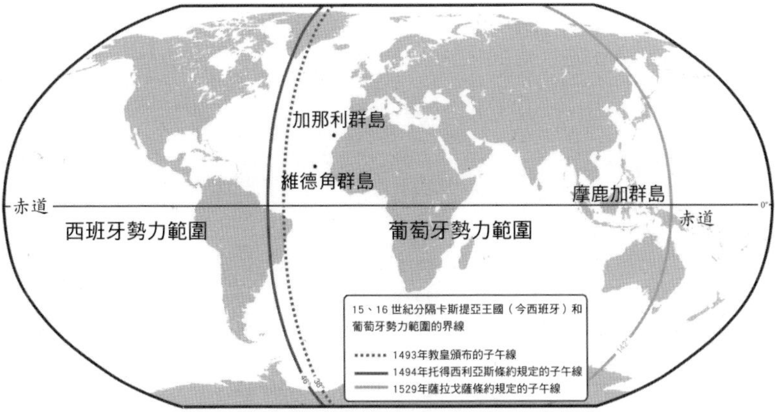

教皇子午線，西班牙與葡萄牙兩分天下的勢力劃分。

然而因為教皇出身西班牙，所以這個分割案對西班牙較為有利，自然引發了葡萄牙的不滿。結果，西、葡兩國再次直接交涉，並於一四九四年，在西班牙的托得西利亞斯（Tordesillas），就新的海洋與海外領土分割案達成協議，並得到教皇的認可。新的分割線位於維德角群島西方三百七十里格（約一千八百五十公里）處，相當於西經四十六度三十七分。這項條約被稱為《托得西利亞斯條約》（Treaty of Tordesillas）；儘管這只是大國之間的協議，但卻是人類首度分割海洋世界，因此堪稱是歷史上的大事。

當時，西班牙與葡萄牙採用的距離單位是「里格」（legua），一里格大約是五公里左右；在英美語系中，它則是被讀成「league」。由於里格會隨著國家和時代產生差異，並不嚴謹，因此有人企圖引進世界性的統一單位，這才出現了英里、公尺、公里等單位。

簡單來說，《托得西利亞斯條約》將大西洋一分為二，西邊屬於西班牙、東邊則由葡萄牙所控制。換言之，大西洋的東半部與位於更東處的印度洋和東南亞，都被劃進了葡萄牙的勢力範圍。這份條約締結當時，印度洋和東南亞海域對西方人而言，還是屬於未知的世界；在這之後，葡萄牙抵達了巴西、印度洋、東南亞海域，並將這些地方全都納入其控制範圍當中。

此後又過了一百多年，開始有對這種世界分割表示異議的國家出現；那就是設立東印度公司，在十七世紀以貿易立國為目標，一躍成為世界霸主的英國與荷蘭[1]。

海盜國家英國的介入

尾隨西班牙和葡萄牙腳步挑戰大航海的，是以貿易立國為目標的英國和荷蘭。兩國各自設立了東印度公司，在大西洋到印度洋間，展開激烈的貿易競爭。

英國（當時還是英格蘭王國，本書為了方便仍稱為英國）雖然於一六〇〇年設立了東印度公司，但不管是提案設立公司、提供帆船、安排船長與船員，乃至於資金的調度，全都是由伊莉莎白女王麾下的海盜一手包辦。十六世紀的英國是個貧窮的小島國，輸出品只有羊毛、毛織物和海產，對外幾乎沒有什麼競爭力。

1 編註：荷蘭東印度公司全稱 Vereenigde Oostindische Compagnie（VOC）；英國東印度公司全稱 British East India Company（EIC）。

為此，英國一方面進行大規模的海盜行動，一方面向比利時的安特衛普的猶太商人貸款來調度資金。既然是貸款，那就總有不得不歸還的時候；這時，英國就會耍伎倆，透過海盜來籌措歸還貸款所需的資金，以支撐國庫。

海盜身為「冒險商人」，同時進行海盜行為與貿易，對他們而言完全沒有任何矛盾；但在伊莉莎白女王的時代，英國的正當貿易開始覺醒，也因為這樣，才會設立東印度公司。就這樣，英國從以海盜為主體的形式，逐漸切換到貿易路線，並在十八到十九世紀，成長為君臨世界的貿易國家，亦即從海盜國家，華麗轉身成為貿易國家（筆者在《創造世界史的海盜》（『世界史をつくった海賊』）一書中，針對英國在十六到十八世紀間，如何從海盜國家轉變為貿易國家的過程，有詳細的描述）。

貿易國家荷蘭的動向

在英國朝向海盜國家筆直邁進的時候，荷蘭雖然也有參與海盜行為，但和英國不同，他們並沒有把主力放在海盜事業上，而是朝向正式的貿易立國前進；一六〇二年，他們設立了荷蘭東印度公司。

東印度公司設立之際，荷蘭的構想是：從大批投資者手上募集資金，從而支配大西洋和印度洋的貿易。他們在今日的印度尼西亞，一方面透過香料貿易獲取大量金錢，另一方面也經營咖啡種植園，因此在歐洲的咖啡貿易中獲得壓倒性的地位，這就是「爪哇咖啡」的起源。

就這樣，荷蘭以破竹之勢，不斷強化他們在印度洋到東南亞海域的貿易力量。但是聳立在他們眼前、阻擋去路的，是按照《托得西利亞斯條約》在印度洋與東南亞確立勢力範圍的葡萄牙。

為了從理論上打破葡萄牙的勢力範圍，荷蘭法學家格勞秀斯在學術領域，發表了《海洋自由論》（*Mare Liberum*，英文 *The Freedom of the Seas*）。當時的荷蘭，因為尚不具備和葡萄牙相抗衡的海軍力量，於是只能在戰術上以理論武裝自己。

國際法之父格勞秀斯的海洋自由論

主張「沒有任何一個國家有權支配海洋」、否定國家對海洋支配權的學者，是以「國際法之父」而廣為人知的荷蘭法學家格勞秀斯（一五八三年至一六四五年）。他在一六〇九年發表論文，主張海洋不屬於任何國家，對所有人而言，海洋都是自由開放的，是故應該認可航行的自由權利。

格勞秀斯畫像

當時，由於葡萄牙獲得教皇的認可，得以支配東印度海域（印度洋到東南亞海域），導致荷蘭處於極端不利的境地。故此，對當時亟欲強化東印度貿易的荷蘭來說，葡萄牙對勢力範圍的確立，堪稱是國家利益上的重大問題。

相信擴大貿易是讓國家繁榮興盛之本的荷蘭，雖然勇敢踏足東印度海域，但在香料等貿易產品的調度上，還是面對了葡萄牙的強大牽制。當他們終於到達印度洋，帶著穿越馬六甲海峽、大撈一筆的期盼，準備出手參與香料貿易的時候，卻發現葡萄牙已經控制了主要港口，他們的帆船根本寸步難行。但這時候，他們還不具備用武力打破葡萄牙霸權的實力，只好改換途徑，用理論武裝來對付葡萄牙。

就結論來說，格勞秀斯的論文乃是出自極端的實利，完全不是基於國際法上重要的原則論，或是學術意識。簡單說，這是一套將攸關荷蘭生死的海洋自由，加以正當化的手段。

英國領海的誕生

進入十七世紀後，荷蘭高舉著「海洋自由」大旗，朝向貿易立國之路邁進；與此同時，他們的漁船也展開了遠洋航海。雖然他們並沒有橫越大西洋，但英國沿岸的海域——北海、多佛海峽、英倫海峽等，都是極好的漁場。

當時，「魚」是英國能輸出到歐洲大陸的極少數商品之一；因此當魚被荷蘭漁船大量捕走的時候，問題就產生了。不管什麼時代，好漁場總會引起爭奪戰，甚至也常會有第三國侵入盜捕。

在距離現代相當遙遠的十七世紀，英國為了阻止出沒在沿岸、盜捕魚群的荷蘭漁船，於是想方設法要封鎖沿岸海域，並取締荷蘭漁船。他們想出的論點，就是「領海權」，這也是首次制定的海洋規則。就這樣，「領海」的概念於焉而生。

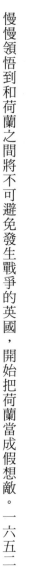

身兼政治家與法學家的約翰·塞爾登（John Selden，一五八四年至一六五四年），在一六三五年發表了主張「英國有權將附近海域領地化」的論文《閉海論》（*Mare clausum*，英文 *Closed Sea*）；這很明顯是要與荷蘭的格勞秀斯，為了否定葡萄牙海上勢力範圍而提出的「海洋自由論」相對抗。但它並不是完全否定海洋自由論，只是認為就像國家支配陸地領土一般，它也有權支配特定的海洋，因此英國有權將沿岸海域徹底領地化。

塞爾登畫像。

英國一直要到十八世紀，才透過工業革命，成為人稱「世界工廠」的工業國家。但在十七世紀初期，它還是一個貧困的農業國，只能辛辛苦苦經營漁業。沒想到，蛻變成強力貿易國家的荷蘭卻得寸進尺，在漁業領域上挑戰英國。

慢慢領悟到和荷蘭之間將不可避免發生戰爭的英國，開始把荷蘭當成假想敵。一六五二年到一六七四年三度展開的英荷戰爭，是第一場正式的海權爭奪戰。結果，一邊利用海盜，一邊強化海軍的英國，在海戰中擊敗了荷蘭，從而為英國樹立海洋霸權帶來了重大的轉捩點。

《航海法案》的制定

在歐洲貿易興盛，對北美新大陸的殖民也不斷加速的十七世紀，我們可以看到以英國為中心，有關海洋秩序的嶄新動向。他們透過《航海法案》（The Navigation Acts）的實施，開始取締荷蘭與法國的貿易船。

在《航海法案》下，荷蘭與法國的船隻實際上禁止靠近英國的海域。在英國周邊海域，只有英國船隻可以航行或利用英國的港口。這讓一心期盼透過貿易達成經濟繁榮的荷蘭大感錯愕。畢竟，《航海法案》雖然說是限於英國沿岸（地理環境），但它同時也對航行在海洋上的船舶航路，產生了限制（這則是出於一種政治判斷）。

這部規定只有英國船隻能從事英國本身貿易的法律制定於一六五一年，它就是留名於世界史教科書中的《航海法案》，或者又稱為《航海條例》。儘管英國從十四世紀到十七世紀後半曾經修訂過好幾次航海法，但具備實效性，且在歷史上留名的，就是一六五一年的這部法令。

一六五一年的法令因為當時並非英王而是共和國當政，所以稱為《航海條例》。但在國王復辟之後，這部航海法也隨之更新，因此一般仍稱之為《航海法案》。

英國從十四世紀開始就試圖對停泊在英國港口，以及通行於泰晤士河等河川的船舶進行規範，但卻屢屢失敗，直到一六五一年，才終於實現正式的規範。儘管提到英國大家總會想到自由貿易論，但其實在他們高唱自由貿易之前，可是毫不客氣、大呼保護主義的國家，這點我們絕不能忘記。

這部在清教徒革命、克倫威爾（Oliver Cromwell）當政時期通過的航海法，制定的目的是著眼於保護主義與重商主義的立場，要將在北海與波羅的海執歐洲貿易牛耳的荷蘭商船驅趕出去。雖然它是以荷蘭為主要目標，但當然也有把法國考慮進去。

在《航海法案》（一六五一年）的原文中，並沒有提到競爭對手荷蘭的國名，而只提及英國自己的名號。之所以如此，是出於政治考量，隱藏起荷蘭的名字，強調這徹頭徹尾是一部「守護英國的法律」。其要點包括了以下幾點：

一、只有英國船隻，能夠進口來自「亞洲、非洲、美洲」的產品；

二、從歐洲大陸進口產品到英國的時候，必須確認是由英國船隻輸送，抑或者是由原產地、或是原始裝貨地點的船隻所運送；

三、所謂英國船隻，指的是隸屬英國籍的船舶；具體來說，就是「真正的擁有者」必須是英國人，也必須由英國籍的船長和船員開的船；

四、關於船舶的船員，必須絕大多數都是英國籍。

以上《航海法案》的主架構，露骨呈現了英國的保護主義，並為培育本土產業，積極從事海外貿易的重商主義提供了一套框架。《航海法案》之後經過數次修正，每次修正都益發強化英國的保護主義與重商主義（這些修正分別是在一六六〇年、一六六三年和一六九六年進行）。

擊潰貿易國家荷蘭

以貿易國家之姿掌握海洋霸權的荷蘭，藉著東印度公司的成功，在十七世紀中葉成為歐洲中繼貿易的核心據點，大有一舉控制全歐海運之勢。即使到現代，鹿特丹仍然是海陸運輸的輻輳之地，更不要說十七世紀荷蘭在中繼貿易上所扮演的重要機能了。

不管從加勒比海群島進口砂糖，或是從印尼等東南亞地區進口香料，都需要仰賴產地的帆船來運輸，可是當時在這些物資的產地，並沒有足以進行遠洋航海的帆船。因此，在十七世紀的歐洲，諸如砂糖或香料等昂貴商品，都需要借助荷蘭東印度公司的大型帆船運輸才有辦法展開交易，從產地輸入的昂貴商品聚集在荷蘭，再

荷蘭商船縱橫四海，他們的海上貿易改變了海權史的風貌。

以荷蘭為中轉點，輸出到英國等歐洲各國。透過這樣的中繼貿易，荷蘭累積了莫大的財富。

正因如此，就算英國與歐洲大陸展開貿易的時候，質與量都凌駕於英國船隻之上的荷蘭船舶，也在泰晤士河上來回奔馳、川流不息。荷蘭東印度公司的大型帆船活躍在泰晤士河，讓荷蘭在世界貿易中的存在顯得格外搶眼。故此，英國制定《航海法案》，想在荷蘭家傳絕學的中繼貿易當中横插一手的意圖，可謂昭然若揭。

當時雖然還沒有「船籍」（船隻登記的國籍）這一概念，但「英國船」毫無疑問，指的就是「以英國船員為中心的帆船」。面對這種情況，荷蘭東印度公司於是耍小手段，在每一艘船上僱用少量英國船員，藉以獲得停靠英國港口的許可。現在，在國際航路上行駛的遠洋船泊都要取得「船籍」，而在世界上最早運用「船籍」這個發想的就是英國。

若是造訪位在倫敦市中心的特拉法加廣場，可以看到一棟環繞著廣場的堅固建築物，那就是英國的國家美術館。以英國代表性畫家透納（William Turner）的作品為中心，周圍的各個展覽室裡，陳列著各式各樣的繪畫。雖然其中展示了相當多的作品，但有一個房間，是專門陳列以荷蘭貿易船為主題的繪畫；從中可以感受到「不管十七世紀的荷蘭經濟有多繁榮，我們終究是將它奪取過來」的氣魄。參觀者一方面可以透過繪畫感受荷蘭的無比豐饒，另一方面也可以再次感受到當時的英國是多麼貧窮。為了阻止荷蘭在貿易與海運上的獨佔，英國才會在商船出入的港口引進保護主義。

從《航海法案》的廢止到自由的海洋世界

在《航海法案》立法大約兩百年後的一八四九年，英國廢止了這項法案。那時正是英國以大國之姿高唱自由貿易，樹立起「不列顛和平」的維多利亞女王時代。隨著工業革命，英國搖身一變成為「世界的工廠」，並邁入建設大英帝國的階段。這時，《航海法案》也終於功成身退。

當時人們的判斷是，撤廢英國沿岸出入港口帆船的國籍限制，使其能夠自由往來，有助於促進英國的國家利益。

就這樣，《航海法案》一直到廢止，總共經歷了兩百年的時間。但在這段英國成長為強國的歷程中，這項法案實際上並沒有嚴格執行，荷蘭商船仍然能在不引人注意的貿易港口偷偷進港，因此在應對上頗有彈性。英國只有在判斷自己能充分獲利的時候，才會擺出一副強硬的立場，至於英屬殖民地與第三國的直接貿易，《航海法案》則是睜一隻眼、閉一隻眼地加以默認。原則歸原則，現實歸現實；英國就是一個這樣靈活運用兩手策略的國家。

從十八世紀下半葉到十九世紀上半葉，英國政府在《航海法案》的運用上極具彈性；因為在政治上打著「國家利益優先」的大義名分，所以隨機應變實際上已是常態。一切都是為了國家利益，就算國家政策大轉彎也在所不惜。

順道一提，現在的中國在制定諸多法律的同時，也會從國家利益觀點出發，對法律進行適當的變更運用。或許中國共產黨對於英國如何成為大國的近代史，也有徹底的研究吧！事實上我們發現，在大國化的過程中，英國與現在的中國其身影常常會彼此重合。

侍奉維多利亞女王、以首相和外相身分活躍的，是出身愛爾蘭的巴麥尊勳爵（Lord Palmerston，一七八四年至一八六五年）。畢業自劍橋大學的他，不同於牛津大學的厚重傳統，而是沾染了自由豁達的校風。他信奉自由貿易主義，重視海洋的自由，致力於讓英國資本主義在世界市場稱霸；這個時代的英國外交，因此被稱為「巴麥尊外交」。

巴麥尊曾經兩度登上首相寶座、三度就任外相，堪稱是維多利亞時代英國最具代表性的政治家。他一方面講求和歐洲諸國的勢力均衡、避免正面對決，另一方面則強硬逼迫中國和日本開國，要求他們進行自由貿易。

在巴麥尊的逼迫下，壟斷英國東印度貿易（印度洋—東南亞海域—太平洋）的東印度公司，終於在一八五八年解散。東印度公司不只壟斷貿易，也參與英屬印度殖民地的經營；對於英國從保護主義轉移到自由貿易主義，它是一個相當大的絆腳石，所以才被迫解散。

三海里領海與走私船取締

由於英國的國家利益本質屢屢在改變，因此領海設定的目的也會跟著變遷。如前所述，英國在十七世紀之所以會宣稱「領海權」，是為了防止荷蘭漁船入侵英國沿海的良好漁場捕撈所致。接著為了阻止荷蘭的中繼貿易、取締荷蘭商船，所以又引進了經濟海域的概念。

就這樣經過兩百年，時間來到十九世紀，這次是為了取締外國的走私船而有設定領海的必要。隨著工業革命，英國本土也累積了大量的財富（製品），歐洲各國為了分一杯羹，於是紛紛投入走私行列；為此，取締行動勢在必行。畢竟，儘管英國透過工業革命建立起龐大的帝國，也吸引了眾多貿易商造訪，但在貿易興盛的同時，走私猖獗也是在所難免。

過去，海洋並沒有「公海」和「領海」這種相對性的稱呼，但經過各國在海上數百年爭權奪利的結果，對外海和沿岸海域加以區分的概念日益成熟，至十八到十九世紀，領海制度遂逐漸成形，並且從中誕生出形形色色的用語和概念。包括公海、領海、鄰接區、經濟海域、大陸棚、深海底等概念，都是各國利益角力下的產物（關於這些用語的解說，請參照第四章）。

如前所述，荷蘭的法學家格勞秀斯從海洋自由的觀點著眼於公海，而英國和美國等大國，則讓領海概念普及於國際社會。十八世紀到十九世紀一躍成為海洋大國的英國，在保有本國沿岸海域的同時，也懷抱著支配世界大海的野心；因此他們一貫認為，各國的領海是愈窄愈好，且為了取締走私、偷渡以及關稅方便，領海的幅度應該要保持在最低限度才對。就這樣，「三海里（約五點六公里）領海主義」誕生了。

英國的海洋帝國建設

位在歐洲邊陲位置的島國不列顛，不只建立起印度帝國，同時也在東南亞的新加坡與馬來半島樹立了海峽殖民地。接著他們更獲得了通往中國大陸的窗口——香港，在非洲則得到了埃及、肯亞、南非、奈及利亞，並在這些地方的沿海地區建立起龐大的殖民地；在大洋洲，他們的殖民控制了澳洲大陸、紐西蘭，以及南太平洋的諸多島嶼。就這樣，他們以極具效率的方式，透過控制世界各地的戰略要衝，建立起一個世界級的帝國。

當然，我們也不能忘記他們橫越大西洋，在北美大陸建立美國與加拿大的「壯舉」。雖然這項「壯舉」最後做過了頭，導致美國脫離英國獨立，但英國仍能從中記取教訓，維持住他們在加拿大和紐澳的殖民地。從世界地圖看起來，英國不過是個小小的島國，但為什麼他們能在世界做出如此的擴展呢？一思及此，就不禁讓人心中湧現疑問。

從都鐸王朝伊莉莎白女王登場的十六世紀英國，到十九世紀維多利亞女王統御的大英帝國，綜觀這段歷程，可以察覺到英國從海外經營中領悟的智慧與經驗。以下試著列舉出英國最具代表性的智慧和經驗：

一、英國在十六世紀到十七世紀，以海盜和「冒險商人」為先鋒，高唱海洋自由，跨足海外。這些人襲擊西班牙和葡萄牙的商船、掠奪金銀財寶，上繳給國王和女王以充實國庫。英國就這樣活用海盜，擊潰西班牙與葡萄牙的海上霸權。

二、接著，英國企圖從海盜優勢的時代，慢慢轉換成海軍優勢的時代；以十七世紀的英荷戰爭為契機，英國海軍成長為一股大勢力。他們將捕獲的荷蘭海軍艦艇納入英國海軍行列，使得自己在極短的時間中，就讓海軍力量產生大幅提升。

三、英國在涉足海外的同時，也在國外整飭海軍與貿易船的據點。因為當時的主要交通工具是帆船，所以整飭的重點是帆船能夠停泊的島嶼、海岬、海峽和港口。與此同時，他們也整飭陸軍的駐紮地。在海外殖民地，英國採取間接策略，由少數的英國人在當地徵募行政官員與士兵進行統治。

四、獲得伊莉莎白女王特許的英國東印度公司，到十九世紀為止壟斷了東印度（印度洋—東南亞海域—太平洋）的貿易。以東印度公司為例，英國會授權給特定的貿易公司，讓他們在某個地區擁有貿易獨佔權，從而建構起一套海上貿易網絡。

五、包括《航海法案》的制定與廢止在內，英國會按照有助於國家利益的海洋秩序來隨機應變調整自己的步伐。在海上運輸方面，英國的船運公司也會開設從英國啟航的定期航線，將國際貿易控制在手中。

六、英國因為工業革命成功，躍升為「世界工廠」等級的經濟大國，海軍也因此獲得了增強軍備的預算。

就這樣，英國成功確立了海洋霸權，建立起世界規模的海洋帝國；這是一個由點與線的連結構成面，官民一體、重疊建構起來的帝國。他們將世界上帆船能夠停泊的海島和海岬據點化，取得最短航行路線上的島嶼，以建構起整體的方式，連結起島和島之間的路徑。

為了能夠長期穩定使用重要的港口，英國也設立了世界規模的海軍基地。在帆船主要行經路線的大西洋與印度洋各島嶼上，都陸陸續續建立起英國的海軍基地。

下面的地圖所顯示的是一八四八年到一八九八年間，英國在海外設置的海軍基地。這些基地在全世界約有四十處，其數量並不

英國海軍的海外基地（十九世紀下半葉）（依據安德魯·波特[2]編著的《大英帝國歷史地圖》繪製而成）。

固定，會隨著時代或增或減。這些海軍基地乍看之下，像是毫無意義地散布在世界當中，但實際並非如此——這些點和從英國本國到大西洋、地中海、印度洋、南海的帆船基本航行路線，漂亮地連接在一起。

從十六世紀到十九世紀，英國海軍的艦艇是木造的帆船，遠洋航海要受到季風與貿易風所左右，且須從一座島跨到另一座島才能抵達遙遠的目的地。因此，能否獲得這些零星散布在大西洋與印度洋的島嶼，正是生死存亡的關鍵點。至於英國對鋼鐵軍艦的建造，則是鑑於克里米亞戰爭的痛苦經驗，於十九世紀下半葉的一八六〇年才開始進行。

雖說是「海軍基地」，但並不是每處基地都呈現出一副萬帆齊聚的壯觀景象。基地的規模並不一致，有些基地配置了風帆戰艦，但也有些基地只配置有運輸艦，因此要掌握其整體的樣貌其實並不容易。

在荷蘭與葡萄牙不構成軍事威脅的大洋洲，直到十九世紀，海軍基地都沒有配置實戰用的戰艦，而在海盜威脅消失殆盡的加勒比海，也沒有必要配屬戰艦。就像這樣，對應國際情

2 譯註：Andrew N. Porter，英國歷史學教授，專攻大英帝國與國協史。

勢與地區情勢，海軍基地的狀態也會時時刻刻改變。

若我們一個一個詳細檢討英國在世界各地的海軍基地，或許會覺得其中有一些只是沒有配置實戰用戰艦、有名無實的基地，但其實不能這樣說。因為這些基地除了軍事機能以外，還扮演著重要的貿易港角色，或是擔負起補給帆船遠洋航行所需食糧、飲水的中繼點，以及修理木造船體的船塢基地等要務。它們平時以上述這些功能而活躍，戰時則能發揮軍港的機能，對英國而言是相當方便好用的海軍基地。

相較於此，英國則是在各個戰略要衝，如帆船航行必經之路的馬爾他、錫蘭等島嶼，以及被陸地包夾的馬六甲、直布羅陀等海峽，還有從大西洋通往印度洋的轉折點——好望角（開普敦）等岬角，都設置了永久性的海軍基地，並且派遣具備實戰能力的軍艦常駐該地；同時為了守護海軍基地，還駐紮了陸軍。

這些戰略要衝，同時也以為英國帶來莫大財富的貿易據點而盛極一時。雖然有點誇張，不過這些軍港和貿易港是作為公共財開放給全世界從事交易的帆船使用，並且在貿易活動中永續發展下去。

整體來看，英國開拓的世界規模遠洋航海，其主要路線與海軍基地，在地理上幾乎完全重疊；透過這種部署方式，既能確保軍事上的優勢，又能支配當地的經濟圈。

守護海軍基地的陸軍駐地

為了確立世界規模的海洋霸權，必須要維持海外海軍基地的安穩；基於這樣的考量，英國也設置了海外的陸軍駐地。這些駐地主要在印度、西非、南非和大洋洲，與英國海外殖民地的開發點一致，這樣對經營殖民地很有利。

於是，隨著英國掌握了世界規模的海洋霸權，建設海軍基地又積極經營殖民地，因此他們對於海外派駐陸軍士兵的需求也隨之年年倍增。

根據安德魯．波特編著的《大英帝國歷史地圖》（*Atlas Of British Overseas Expansion*）所示，英國的海外駐軍士兵人數在一八四八年，總兵力大約是十二萬九千七百人，但到了一八七六年已達十六萬人，一八八一年更激增到十八萬九千人。之所以會如此，主要是因為發生了印度兵變這種擴及全境的反英鬥爭（一八五七年至一八五九年），使得駐印度的陸軍被迫強化擴大所致。當反英鬥爭被鎮壓，蒙兀兒帝國滅亡，原本支配印度的英國東印度公司被迫解散的同時，維多利亞女王治下的英國又制定了《印度統治法》，將印度轉為直接統治，並從宗主國不列顛派遣大量的士兵前往當地。

時序邁入十九世紀下半葉後，有鑑於法、俄在歐陸強化海軍力量，英國於是轉換方針為強化本國防衛，陸軍的海外駐地也整理縮編，或是把兵力撤回本土，總之是按照國際情勢變化做出臨機應變的轉換。

英國在一八四八年至一八八一年間，至少設立了三十五處海外駐地。光是在印度大概就有七萬人左右，而且不只是孟買和加爾各答等沿岸據點，就連內陸也有大量英軍駐紮。為了支配世界規模的海洋，英國也不得不增設陸軍的海外駐軍據點。

控制全球各地的加煤站

當取代帆船的蒸汽船於十九世紀開始建造後，英國海軍的軍艦也迎向裝備蒸汽鍋爐的時代；但這時出現了一個問題，那就是怎麼掌控、儲藏作為燃料的煤礦？對英國而言相當幸運的是，他們在國內就有豐富的煤炭礦藏，因此是最適合挖掘煤炭、作為蒸汽機燃料的國家。

同時，英國政府在經營海外殖民地時，也面臨到必須將裝備蒸汽機的艦艇投入殖民地防衛與守護民間商船航線的需求，因此如何在海外穩定補給煤炭，便急升成為最重要的課題。為此，英國政府到十九世紀末為止，總共在全世界掌控了大約一百六十個煤炭補給基地。這裡的補給基地，指的是煤炭儲量超過五百噸以上的據點（安德魯．波特，前引書）。

這樣的補給基地在日本也有六個，分別是在小樽、函館、厚岸、橫濱、神戶、長崎。說到厚岸，這裡在二次世界大戰前，也是日本海軍的石油燃料儲備槽所在地；英國政府能在十九世紀末就選中這裡作為煤炭補給基地，這種先見之明令人瞠目結舌。

英國海軍為了讓艦艇裝備的蒸汽鍋爐燃燒能力提升，打出了使用威爾斯白煤的方針；即使在海外的煤炭補給基地，他們也會特地從英國本土，千里迢迢搬運威爾斯白煤過去儲藏。英國海軍停泊的主要煤炭補給基地，都可見威爾斯白煤堆積如山。就像這樣，英國海軍為了持續掌握海洋霸權，對於煤炭等燃料在補給上的自給自足也相當重視。

威爾斯白煤主要產在威爾斯南部，因為主要集散港口的緣故，又被稱為「卡地夫煤」，而卡地夫城也以二十世紀初期世界最大的煤炭集散港口而著稱。威爾斯白煤燃燒效率良好，又被稱為「無煙煤」，黑煙相當少，以煤炭而言，是世界上公認品質最好的產品。當然，它的價錢也因此相當高昂，在市場上甚至有「黑色鑽石」的異稱。

日本在日俄戰爭（一九〇四年至一九〇五年）與沙俄波羅的海艦隊展開決戰之際，海軍曾事先大量購入威爾斯白煤，聯合艦隊旗艦三笠號出擊的時候，蒸汽鍋爐燒的就是威爾斯白煤。但是，波羅的海艦隊卻無法從英國購買到威爾斯白煤。因為英國政府不允許的緣故，波羅的海艦隊只能使用品質較差的煤炭，從煙囪排出的黑煙相當濃烈，整支艦隊被巨大的黑煙所覆蓋，在海上的視線總是十分不良。

當日本決心對俄開戰之際，英國對日本做出了種種支援，包括旗艦三笠號的建造、燃料用威爾斯白煤的出口，波羅的海艦隊的動向情報，拒絕讓波羅的海艦隊使用蘇伊士運河（波羅的海艦隊因此必須繞過南非好望角前往印度洋，將士在開戰前就已疲憊不堪）等，間接對日本提供了協助。

看不見的海洋霸權——海底電纜構成的情報帝國

英國靠著鋪設海底電纜，也控制了情報的流通。他們在海外建設海軍基地，以及守護海軍基地的陸軍駐地之餘，也在官民合力的情況下，於十九世紀末完成了連結全世界英國殖民地的海底電信網。就這點而言，他們堪稱是世界上最早理解情報重要性的國家。

環顧現今世界（二〇一八年），海底電纜鋪設數量最多的幾個國家，其順序分別是：英國（五十五條）、美國（五十條）、中國（四十三條）、日本（三十四條）、新加坡（二十五條）、印度（二十二條）、法國（二十條）、巴西（十三條）、德國（十二條）、澳洲（十條），英國鋪設的電纜數量堪稱壓倒性的多。當然，論以大規模的資料中心進行世界等級的分享，美國還是絕對的強者（百分之四十點二）；但在一百多年前的世界並沒有資料中心，因此海底電纜的鋪設數量，就等同於情報輻輳程度的指標（〈數位霸權：國家的爭奪〉（デジタル覇権 国家が争奪），《日本經濟新聞》，二〇一八年十月二十九日早報）。

一八八七年的時候，英國在世界鋪設的海底電纜（Submarine Cables）中佔了約七成的比例，之後比例雖然略有下降，但到了一八九四年仍佔了百分之六十三。透過海底電纜可以建構起海洋的情報帝國，更不用說對海洋霸權的強化，同樣能夠更上一層樓。

美國熱中於在廣大的國土鋪設地面電報線，所以海底電纜的鋪設就拱手讓給了英國人。美國開始對海底電纜產生需求，是在一九二〇年代，當時除了從英國輸入海底電纜之外，也開始能自行製造電纜。雖然理由不明，不過法國對海底電纜的製造並不太感興趣，一切都交給英國去處理。

然而，北歐的丹麥卻對海纜的鋪設相當積極，一八六九年大北電信公司（GN）成立，還特地派遣鋪設電纜的工作船前往日本和中國。一八七一年，他們鋪設了海參崴—長崎—上海間的海底電纜；然而，這條電纜的資金約四分之三是由英國金融機構所提供，所以很有可能使用的也是英國製電纜。

之後，大北電信公司在和英國大東電報局（ETC）不相競爭的地理範圍內鋪設海底電纜，最終和ETC的海纜相互連接，成為英國世界電信網的一環。就像這樣，環顧十九世紀下半葉到二十世紀上半葉的世界，海底電纜的鋪設，始終是英國一枝獨秀的局面。

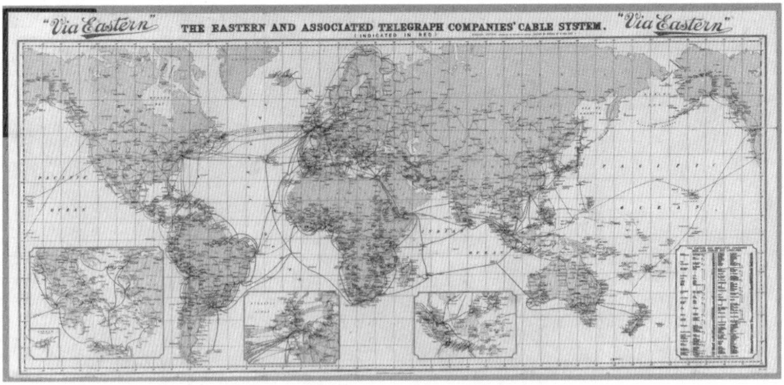

1914年，ETC以及相關公司連接全世界的海底電纜。

英國政府是出於軍用通信與殖民地經營等戰略目的而投入海纜鋪設，民間企業則是著眼於新的商機。雖然大部分的海纜都是民間企業所鋪設，但是英國政府對這些電纜的鋪設擁有許可權，同時對從本土到殖民地的電信內容，也會祕密進行監聽。因為全世界的主要電信情報網都是經由英國本土建構起來，所以英國往往能在第一時間，掌握住透過海纜傳遞、有關商品情報、外交以及軍事機密。這些監聽工作在當時是由海軍和陸軍管轄，儘管平常究竟會做到什麼程度並不一定，但在戰時則明顯會加以活用。

壟斷企業大東電報局的登場

英國成立了簡稱ＥＴＣ的大東電報局（Eastern Telegraph Company；一八七二年成立，社長為約翰・潘德 John Pender），大舉壟斷海底電纜事業。ＥＴＣ和英國政府之間有著緊密的關係，也壟斷了連結英國殖民地的海纜事業；由此來看，海纜事業堪稱英國官民聯手的典型案例。

在ＥＴＣ設立之前，潘德就已經從歐洲到印度，按地理區域設置了好幾個電信公司。

他針對電信業的收益與技術問題做了慎重的觀察，並且看出這行的未來潛力，於是在一八六八到一八七〇這三年間，分別設立了「法爾茅斯—直布羅陀—馬爾他電信公司」（Falmouth, Gibraltar and Malta Telegraph Company）、「英國—地中海電信公司」（Anglo-Mediterranean Telegraph Company）、「馬賽—阿爾及爾—馬爾他電信公司」（Marseilles, Algiers And Malta Telegraph Company）、「地中海電信擴張公司」（Mediterranean Extension Telegraph Company）、「英國—印度海底電信公司」（British-Indian Submarine Telegraph

負責佈設電纜的海底電纜工作船。

Company）等至少五家公司。這些電信公司負責連結英國與印度殖民地間的海底電纜鋪設、管理與維修工作，堪稱英國的生命線（關於電信公司的興盛，詳見丹尼爾・海德里克（Daniel Headrick）[3]《看不見的武器：電信與情報的世界史，一八五一至一九四五》〔The Invisible Weapon: Telecommunications and International Politics, 1851-1945〕一書）。

按照地理範圍設立電信公司的商業模式，基本上是沿襲自十六世紀伊莉莎白女王時代的慣例，到當時已有三百年的歷史。按照這種做法，即使一家公司的業績惡化，也不會對其他公司產生不良影響；但是，倘若將營利低落的公司關閉，採取統合整體營收的方式，那它們就會成長為大企業。

這樣誕生出來的，就是巨大的ETC公司。潘德的資金來源，是他將自己在曼徹斯特成功經營的棉織業全額投入所致；因此他是以自己的資本為核心，體現了資本主義社會的一面。然而隱藏在背後的，則是英國政府與民間企業ETC，共同確立海洋霸權的這一面。官民聯手的英國，將通信這項肉眼看不見的海洋霸權，牢牢掌握在手中。

3 譯註：美國史學家、專研國際關係史。

世界各地的情報傳達都必須透過英國

在海底電纜通過的各國，因為需要當地政府的鋪設許可，所以各國政府在利用電纜之際，都會強制要求價格較低廉的服務（也就是減少電信公司的收益），但英國政府卻完全沒有要求低價服務。畢竟英國是以自由貿易的旗手之姿君臨世界貿易體系，在情報的世界也是如此。當使用海底電纜傳遞國際電報的時候，透過英國的成本最低，而且英國政府表面上也都不介入，因此各國的電信公司都安心地透過英國使用電信服務。

也正因如此，法國電信公司要建立與美國間海纜網路的時候，甚至完全不仰賴自己的海纜，而是透過假想敵英國的本土，利用英國的國內電信網（地面網路／陸線）來聯繫。畢竟使用陸線，比起鋪設昂貴的海底電纜，能夠省下大量的成本。

德國和美國的電信往來，也都基於成本理由，經過法國、英國、北歐來傳送電報；但是法國和北歐各國最初也只有透過英國傳遞的電信線路，所以從歐洲通往美國的電信，幾乎全都要經過英國，而英國政府也因此能夠隱密地監控電報內容。

比方說第一次世界大戰期間，德國的齊默曼外相（Arthur Zimmermann）發電文給墨西哥政府，詢問他們是否能對美國參戰；這封電報原本是高度機密，但因為它使用英國的海底電纜發信，所以被早已將所有英國海纜置於監聽下的英國政府察覺，這就是英國政府極早認識情報重要性的好範例。英國將這封電報提供給美國，從而加速了美國對德國宣戰的腳步。

這時候，英國巧妙地散布假消息，說情報是從墨西哥電報局流出，從而隱蔽了他們監聽海纜電信的祕密；從這裡也可以看出他們在操作情報方面的手段之高超。就這樣，英國政府安靜而隱密地建構起一個透過海纜成立的情報帝國。（參照第三章）

用海纜連結起日本

日本首次獲得摩斯電報機是在一八五四年，當時美國海軍的培里代將（Matthew Calbraith Perry）再次率領黑船前來、迫使日本「開國」，同時將電報機獻給了幕府。十八年後的一八七二年，日本開通了和英美之間的電信。

英法之間的海纜電信於一八五一年開通，十五年後的一八六六年，英美之間也完成了跨大西洋海底的電信連結。日本首次鋪設海纜是在一八七一年，第二年，日本與英國之間達成了電信聯繫。從明治元年（一八六八年）起不過四年，東京和倫敦就已經能夠互通電信。

在日本鋪設海纜的，是前述的北歐丹麥電信公司——大北電信公司。為什麼丹麥企業會投入海纜事業，據說是因為丹麥銀行家和海軍軍官意氣相投，設立了這家企業，然後又為了發揚國威，於是產生了在遠東鋪設海纜的構想。他們計畫將海參崴、長崎、上海三個點用海纜連結起來，經過多方說服之後，終於獲得英國金融機構點頭支持，使得工程得以進行。日本通往倫敦的電信，就是透過往上海的南線，和往海參崴的北線兩條路徑來連結的。

至於關鍵的資金調度來源，如前所述，是由英國金融資本負擔總費用的四分之三，因此背後很清楚地就是英國資本在支撐。不只如此，它和英國的壟斷企業ＥＴＣ也是採取共生共存的態度。因此說難聽一點，在英國人的眼中，這家丹麥電信公司只不過是幫忙跑下手的存在罷了。

這個時代也陸續有新機器發明出來。出身蘇格蘭，後來取得美國國籍的英裔人士貝爾（Alexander Graham Bell），在一八七六年發明了電話，並在費城萬國博覽會上展示成品，引發世界矚目。義大利人馬可尼（Guglielmo Marconi）也在一八九五年，成功實驗了無線電通信。在交通工具方面，有蒸汽船（一八〇七年）和蒸汽火車（一八一四年）的發明。十九世紀不只是國民革命的時代，也是發明的世紀。在這個發明的時代，將世界透過海纜連結起來，掌握情報海洋霸權的，就是英國。

大英帝國的海軍規模

一部英國的歷史，就是海戰的歷史。如前所述，英國在十六世紀以大國西班牙的無敵艦隊為對手不斷展開海上游擊戰，最後靠著強風等氣象變化擊敗對方。十七世紀時，他們與貿易競爭對手荷蘭展開英荷戰爭，逼使荷蘭陷入疲態，從而為英國獲得海洋霸權創造了轉捩點。十八到十九世紀，他們又擊敗了大國法蘭西，確立了海洋帝國的霸權。在這些和歐洲各國的戰爭中，英國的海軍規模不斷擴大，成為這個海洋大國的支柱。

就英國確立海洋霸權的十九世紀來看，他們的就役艦艇數，在一八四八年有兩百三十五艘、一八七五年有兩百四十一艘、一八九八年則高達兩百八十七艘，上升傾向相當明顯。這些艦艇固然有當時還屬大型帆船的戰艦，但也包含了大量運輸用的中小型帆船，因此不全是戰艦。作為實戰之用、配備在最前線的戰艦，在一八四八年有十七艘，一八七五年略增到

二十艘，但在一八九八年，已經急速增強到五十二艘。（安德魯．波特，前引書）

十九世紀中葉，在帆船中出現了裝備蒸汽鍋爐（以煤炭為燃料）的蒸汽軍艦。迫使幕末日本開國的美國海軍培里「黑船」艦隊，就是由蒸汽軍艦所編成。蒸汽鍋爐一開始使用的燃料是煤炭，但到了二十世紀，搭載以石油（重油）為燃料引擎的軍艦開始登場，堪稱是海軍的能源革命。

作為軍事政策的海洋霸權與兩國標準主義

十九世紀下半葉時，即使綜觀法國、德國、俄國等歐洲核心國家，也沒有任何一國擁有足以單挑英國海軍的海上戰力，因此英國可說是名符其實的海洋大國。可是在此同時，英國海軍當局的腦中，還是經常對波譎雲詭的歐洲大陸究竟會發生怎樣的變化而感到相當不安。

英國為了確保海洋霸權，於一八八九年引進了稱為「兩國標準主義」（Two-Power Standard）的新政策。所謂「兩國標準主義」，不只規定英國必須保持世界第一的海軍實力，還同時考量擁有第二、第三順位海軍實力的假想敵國（第二位為法國、第三位為俄羅斯），要求英國海軍必須具備面對兩國海軍力量加起來時，仍能單獨處於優勢的力量。這是一項既要確保環繞英國本土的海洋——北海、多佛海峽、英倫海峽、大西洋的制海權，使之能夠成為保障安全的地理空間，同時也要防衛英國與海外殖民地之間貿易路線的海軍政策。

它的基本發想是著眼於歐洲大陸複雜的同盟與敵對關係，擔心歐陸諸國突然甘冒風險與英國敵對；換言之，就是一種基於可能威脅、充滿不確定性與危機感的政策。

由於引進「兩國標準主義」作為海軍政策，英國海軍在一八九八年一躍成為保有兩百八十七艘艦艇（當中有五十二艘戰艦）的世界第一位海軍大國。於是，英國得以確信，自己就算不和任何國家締結同盟，也能夠單獨守護帝國，從而享受「光榮孤立」。

可是這種「光榮孤立」並無法長久持續，畢竟法國的軍備擴張和沙俄的強化海軍，都在在威脅著英國保有的海外殖民地。英國政府相信，沙俄帝國為了尋求不凍港，採取南下政策，對英國掌握利益的中國大陸、印度次大陸、中東阿拉伯地區產生威脅只是時間早晚的問題。

為了減輕俄羅斯的威脅，英國迴避和俄羅斯的直接軍事對決，轉而選擇和日本締結軍事同盟，也就是一九〇二年成立的「英日同盟」。透過放棄「光榮孤立」政策、締結英日同盟，英國得以和日本一起守住自己在中國大陸的利益。

兩年後，日本和俄羅斯爆發了日俄戰爭。如前所述，看透局勢的英國決定融資給日本，讓日本強化海軍，並提供有關波羅的海艦隊等俄軍動向的情報給日本，好讓日本在對俄戰爭中取得勝利，這就是他們的戰略。

日本海海戰中，俄羅斯波羅的海艦隊遭到日本海軍徹底摧毀，結果俄羅斯只能拜託美國出面調停，並接受敗北的事實。在波羅的海艦隊實際上消滅的情況下，英國海軍的北方威脅驟然消失，俄羅斯的南下政策也遭到遏止，英國的海上霸權看起來應該堅若磐石了，可是——

挑戰者德國登場

這時候有另一個敢於挑戰英國的國家在歐洲大陸登場。以威廉二世（Wilhelm II）為君主的德國，打出強化海軍力量的國家政策；他們不只建造鋼鐵製的大型軍艦，還企圖獲得海洋霸權。英國因為忌憚德國的威脅，於是在一九〇六年推出了只搭載大型主砲、廢止副砲的世上最大鋼鐵軍艦「無畏號」（HMS Dreadnought，參照第三章）。德國也緊追在後，將軍艦建造大型化；一九〇九年左右，英德海軍呈現激烈的競爭態勢，兩國之間即將爆發戰爭的耳語不斷。這場競爭延伸下去的結果，就是第一次世界大戰的爆發。

因為電影《鐵達尼號》而聞名的英國大型豪華客輪「鐵達尼號」（RMS Titanic），是在一九一二年四月於英國南部的南安普頓港出航，在法國港口城鎮瑟堡（Cherbourg）停泊後，於橫越大西洋前往美國的途中，撞上漂浮的冰山導致沉沒。從這則故事可以看出，建造鋼鐵製的大型艦船，是二十世紀初期世界的大趨勢。

相當諷刺的是，正是因為德國追趕這股由英國引領起來的風潮，才導致英國很難維持兩國標準主義，其海洋霸權也受到了威脅。迄今為止英國保有的老舊帆船軍艦與蒸汽軍艦，用誇張一點的說法來形容，就是一夜之間全成了廢物。

就在英德海軍競爭日益激化的一九〇九年，英國海軍為了蒐集德國海軍的相關情報，於是在極機密的情況下成立了祕密情報局（Secret Intelligence Service, SIS）。改編自伊恩・佛萊明（Ian Fleming）原作的間諜電影《007》系列中，描述了情報員詹姆斯龐德以祕密諜報機關ＭＩ6（軍情六處）為舞台，在英國對外情報活動上大顯身手的景象；龐德所服務的單位，就是這個機構的前身。

英國和德國針對環繞本國的海洋這個地理空間，提出了意圖確保優越地位的基本政策，傾注全力於海軍的增強上。而其結果，就是兩國海軍在第一次世界大戰中的激烈衝突。

大型海運公司——P&O與冠達

英國在十九世紀之所以能確立海洋霸權，其原因並不只限於海軍力量的優越。民間企業的全球性擴張，也為以英國為中心的海洋經濟奠立了基礎。就像前述的海纜事業一樣，負責海外定期航線的，也是民間企業。從地理發想掌握海洋空間，英國政府和民間的大型海運公司攜手支配海洋，這樣的架構在十九世紀達到了頂點。

十九世紀是一連串航海技術大轉換的時代，這些轉變包括了由帆船轉向蒸汽船、由木造帆船轉向鋼鐵製艦艇或木鐵並用的船艦；就算是蒸汽船，也從使用明輪驅動的外輪船，轉變為去除外輪、改以螺旋槳驅動的螺旋槳船。

走在時代最尖端的，不管什麼時候都是民間企業。在英國，最具代表性的就是大型海運公司鐵行輪船公司（Peninsular and Oriental Steam Navigation Company，簡稱P&O）和冠達航運公司（Cunard）。大型企業資金雄厚，且大多採取獨裁經營，在營運方面的判斷相當迅速。儘管有走錯一步就可能導致破產的風險存在，但唯有能夠搶先看出時代風潮的人，才能掌握控制海洋市場的關鍵之鑰。

美國畫家兼發明家富爾敦（Robert Fulton）運用出身蘇格蘭的英國發明家瓦特所開發的蒸汽機，建造了航行河川的蒸汽船，但將蒸汽船活用在外洋航線上的，則是英國的船公司。

使用蒸汽船進行穩定的海上運輸，不只加速了經濟活動的全球性擴充，也與英國海洋霸權的強化密切相連。特別是英國政府將郵政運輸業務委託給兩大海運公司，提供他們大量的補貼，讓英國的海洋網絡堪稱堅如磐石。

英國政府在十九世紀下半葉，和民間兩大海運公司著稱的鐵行輪船公司（一八三七年創業）以及冠達（一八三九年創業）締結郵政運輸契約，提供大量補貼，讓他們擴充外洋定期航線。透過英國拿手的共生共存，冠達負責大西洋航線，鐵行輪船公司則負責從地中海到東印度（印度洋—南海—東海—太平洋）的航線。

英國政府在提供這兩家公司補貼，讓他們能夠穩定經營的同時，有軍事需求之際，也會要求他們協助軍事物資輸送等戰爭任務，因此他們在推動戰爭的齒輪上也扮演著相當重要的角色。可是除了有利的一面以外，公務員、士兵，特別是傳教士在乘船的時候，都可以得到運費優惠，因此對這兩家公司的收益造成了壓迫。然而在二十世紀的兩次大戰期間，他們也都歷經了喪失眾多船舶的悲哀經驗。

圍繞蘇伊士運河展開的明爭暗鬥

在談到十九世紀的海洋霸權時，就不可不提及蘇伊士運河的開鑿。連結地中海與紅海的蘇伊士運河，為世界貿易掀起了革命。和繞經好望角（開普敦）相比，航程足足縮短了八千公里。我們就從地緣政治學的角度，來分析蘇伊士運河的開通，和英國政府之間有著怎樣的關聯。

蘇伊士地峽全長約一百六十三公里，現在包含南北端的進入用水路，大約是一百九十五公里。這條宏偉的運河落成，讓從歐洲通往印度的最短遠洋航海路徑在十九世紀得以誕生。主導運河構想的是法國前外交官雷賽布（Ferdinand Marie Vicomte de Lesseps，一八〇五年至一八九四年）；他在一八五九年開始進行開鑿，經過十年歲月後，終於在一八六九年十一月十七日大功告成。二〇一九年十一月，蘇伊士運河開通屆滿一百五十年。

說起來，雷賽布是靠著自己的人脈，請求埃及當地的有力人士協助建設這條運河，同時仰賴英國與歐洲各國的資金支援，但中間卻不斷發生問題。最後，他是靠著法國政府全面性的資金協助，才終於讓工程得以順利落成。

他的建設構想乍看之下，應該所有人都會歡迎，但實際上並非如此。與法國長期不睦的英國，對雷賽布的構想不只冷淡以對，在巴麥尊擔任首相（一八五五年至一八五八年、一八五九年至一八六五年在位）的時候還發動外交戰，打算舉英國政府之力摧毀這個構想。

儘管英國政府屢屢嫌棄這個構想，但當運河完成後，迪斯雷利首相（Benjamin Disraeli，一八六八、一八七四至一八八〇年在位）卻一改過往態度，企圖收購蘇伊士運河。一八七五年，英國買下了

法國外交官雷賽布推動了貫通紅海與地中海的蘇伊士運河的建設。

蘇伊士運河公司（Universal Company of the Maritime Canal of Suez）半數的股份，擠下一直以來都是最大股東的法國政府，一夕之間登上主宰者的寶座。

當時，擁有猶太血統的迪斯雷利首相並不是依靠國庫，而是仰賴出身德國、君臨倫敦金融界的猶太裔金融家萊昂內爾・德・羅斯柴爾德（Lionel Nathan de Rothschild，創始人內森・邁爾・羅斯柴爾德 Nathan Mayer Rothschild 的長子）融資四百萬鎊（相當於全體股份的百分之四十四）作為收購費用。

來自羅斯柴爾德的極機密情報

話說，蘇伊士運河公司的股票將被大量拋售的極機密情報，正是由羅斯柴爾德祕密提供給迪斯雷利首相的。

埃及的赫迪夫[4]塞伊德一世（Mohamed Sa'id Pasha）未能眼見運河落成，就在一八六三年與世長辭，由伊斯梅爾・帕夏（Isma'il Pasha）繼任赫迪夫一職。伊斯梅爾積極推動近代化路線，但是財政拮据，一瞬間就陷入破產的危機。之所以如此，主要原因是運河還沒有完成，應該徵收到的船舶通行費完全弄不到手，卻已經在公共投資上投注了莫大金額之故。

為了改善這種狀況，伊斯梅爾想到的唯一解決方法，就是將自己手上持有的蘇伊士運河公司股票全都賣出，而這個極機密情報被羅斯柴爾德所掌握了。篤信「控制情報者就能控制世界」原則的羅斯柴爾德，在埃及王室中也設有情報網。

羅斯柴爾德向迪斯雷利首相表示，「法國政府要是掌握了這項祕密情報，並且買下埃及王室擁有的股票的話，那就有可能完全控制蘇伊士運河，從而對英國的海洋霸權產生威脅。」儘管如此，英國政府的國家預算卻不充裕，無法當場湊出這麼多現金來收購蘇伊士運河的股票。

於是，迪斯雷利首相靈機一動，向提供情報的羅斯柴爾德融資全部款項，好購入埃及王室拋售的全部股份。關於這段故事，還留下了這樣一則逸聞：當首相為了鉅額融資，詢問羅斯柴爾德需要怎樣的擔保時，羅斯柴爾德出乎意料地回答道：「只要有『英國政府』這個擔保就夠了。」

4 編註：字面上是副王或總督（Viceroy）的意思，但具有埃及元首的地位，因此在形式上其實是實質的國王。

世界第一條國際運河

透過收購股份，英國政府得以和法國政府共同管理運河，從而強化了自己在埃及的地位，一步步站穩腳步。一八八二年，英國政府為了鎮壓埃及的叛亂而派出軍隊，並以防衛蘇伊士運河為由，將軍隊駐在埃及，自此將埃及置於實質控制之下。

我稍微提一下之後的發展。一八八八年，在鄂圖曼帝國的君士坦丁堡（現在的伊斯坦堡），召開了以「蘇伊士國際運河的自由通航」為主題的國際會議。這項會議的結果是簽訂了《蘇伊士運河自由航行公約》（Convention of Constantinople Respecting the Free Navigation of the Suez Canal）[5]，規定蘇伊士運河不論戰時或平時，都應該允許各國的船隻自由通航。

透過這項公約，誕生了世界第一條國際運河；這一瞬間，在歐洲大國間也誕生了新的海洋規則與海洋秩序。仿效這項公約，連結太平洋與大西洋的巴拿馬運河（一九一四年開通）也作為國際運河開放給所有船隻。

簽署《蘇伊士運河自由航行公約》的國家有鄂圖曼帝國（埃及的宗主國）、英國、法國、荷蘭、德國、奧匈帝國、西班牙、俄羅斯等九國，幾乎歐洲的主要國家，都參與了締約。

可是在此同時，英國政府直到《英法協約》（Entente cordiale，一九〇四年簽訂）成立為止，都沒有批准這項公約。由此可見，他們基於蘇伊士運河的戰略價值，對將這條運河無條件開放給所有國家，感到頗為猶豫。

為了解決這個問題，英國不斷和法國進行外交折衝，最後才締結了《英法協約》。《英法協約》是一項互相承認殖民地分割的條約；根據內容，法國承認英國在埃及的權利，英國則承認法國在摩洛哥的地位。兩國在對抗於軍事上大國化的德國方面取得了相當的共識。

第一次世界大戰爆發的一九一四年，埃及

5 編註：亦稱《君士坦丁堡公約》。

1869 年開通時的蘇伊士運河。

的宗主國鄂圖曼帝國倒向德國陣營，英國因此通告鄂圖曼帝國宣稱埃及為保護國；這是他們企圖掃清法國影響力，繼續掌握海洋霸權而使出的手段。

向地平線延伸的蘇伊士運河

隨著蘇伊士運河的開通，從歐洲大陸往印度的遠洋航海最短路線也得以完成。一直以來從歐洲大陸航向印度，都只能順大西洋南下，經過南非的英領開普敦，再北上印度洋；蘇伊士運河的開通，讓航行日數大幅縮減。就開通當時來看，航海日數大概減少了六十天之多，由此可以清楚了解到蘇伊士運河身為貿易大動脈的重要性。

筆者在參與海上自衛隊的遠洋練習航海時，曾經有幸搭乘訓練艦「鹿島」號（TV-3508）從陽光燦爛的美麗地中海穿越蘇伊士運河。當夜幕低垂之際，我們停泊在夜景美麗的港口城市塞得港（Port Said），等待依序通過地峽。通過地峽的船隻必須組成船團，按照時程表魚貫穿越，所以不是隨時都能自由通行。

我搭船的時候才知道，原來通過蘇伊士運河時必須由軍艦打頭陣，民間商船尾隨其後。

之所以如此，是因為一八六九年運河開通之際，是由法國海軍的「鷹號」（*Aigle*，結合蒸汽船與帆船的汽帆船）打頭陣通過，此後由軍艦領航的習慣便一直流傳下來，直到今天。

當進入通過地峽的階段時，從塞得港搭乘小型接駁船前來的埃及引水人，登上在洋面待機的鹿島號，在艦橋上坐鎮，指揮安全行駛。他們是安全通過運河不可或缺的職務，也是決定艦艇通過地峽時機的人物。運河處於相當驚人的平靜狀態，當鹿島號慢慢通過地峽時，連一絲波浪都沒有激起。它不像巴拿馬運河那樣有著險峻的高低落差，但遠方

美國軍艦正要通過蘇伊士運河友誼大橋。

總是被高溫多濕的薄霧所籠罩，視線並不是太好。

從地中海進入地峽，行進方向左手邊的沙漠地帶，隨處可見手持自動步槍的軍人在警戒，幾乎沒有看到類似村莊的地方。相反地，右手邊則零星散布著村落，可以想見那是埃及人的生活圈。通過日本政府支援建設的蘇伊士運河友誼大橋（Egyptian-Japanese Friendship Bridge，二〇〇一年落成）[6]，眼前的景象盡是不斷延伸的單調風景；這時，紅海卻突然出現在我們眼前，而我們的運河與地峽之旅也告一段落。

英國的盤算

對於蘇伊士運河，英國的態度堪稱截然相反；在建設這條運河時，他們強烈反對，但當運河竣工後，卻又一百八十度大轉變，試圖收購它。之所以如此，原因有以下兩點：

第一是十六世紀以來持續經營的好望角航線會變得毫無意義，因此大加抗拒；第二是擔心競爭對手法國會在中東、阿拉伯地區增大影響力，從而損害英國的海洋權益。讓我們把話題稍微往前拉一點，談論一下這方面的背景。

在蘇伊士運河開通以前，從歐洲各國往印度的遠洋航海，都只能走經過非洲南部的好望角這條傳統貿易路線（大西洋—印度洋），而最大的受益者，自是控制該航線的英國。但因為航行日數太長，眾人為了縮短運輸天數而絞盡腦汁，於是也有人提議穿越埃及沙漠，用陸運的方式運輸。

陸運需要動用大量的駱駝，在港口的卸載作業則需使用到大象。就像故事書裡描寫的那樣，一隊隊充滿異國風情的駱駝隊商，踏破灼熱的沙漠運來貨物。但即使用隊商從地中海往紅海實施陸地輸送，英國也還是最大的受益者。

一八五〇年代，陸運的方式從使用駱駝的傳統運輸型態，進化為蒸汽火車頭奔馳的鐵路時代。英國完成了橫貫沙漠的鐵路（亞歷山大港—開羅—蘇伊士港）；從亞歷山大港到開羅的部分於一八五四年開始營運，之後幾年又延伸到蘇伊士港。

船舶將貨物輸送到面向地中海的亞歷山大港，從那裡使用鐵路，經開羅運送到面向紅海

6 編註：亦稱蘇伊士運河大橋，路面最高處達七十公尺，日本政府承擔當中的百分之六十的一三五億日圓的費用。從一九九五年動工，至二〇〇一年方開通。

的蘇伊士港。在那裡，停泊等待的東印度公司船隻會裝載貨物，開往印度洋航線。

在英國本土，使用史蒂文生（George Stephenson，一七八一年至一八四八年）蒸汽火車的鐵路於一八三〇年開通；史蒂文生的兒子羅伯特（Robert Stephenson，一八〇三年至一八五九年）積極推動蒸汽火車出口海外的事業；他也參與了埃及鐵路的鋪設，並從英國本土運來高價的史蒂文生火車頭。就這樣，埃及的鐵路建設在英國官民合力下，讓英國在中東地區的影響力不斷增大。

當這項鐵路事業好不容易終於上了軌道之際，結果卻冒出蘇伊士運河的建設構想。如果運河開通，那英國的鐵路就變成無用廢物了，而英國刻意運來的火車頭和客車，也都成了無意義的交通工具，會導致重大的損害。因此，從鐵路事業等既得利益會遭破壞的觀點，英國是反對建設蘇伊士運河的。

法國的威脅

接下來是第二個理由，那就是法國的存在。強力推進蘇伊士運河構想的，是作為競爭對手，有時甚至是假想敵的法國，這對英國而言是強烈的刺激。就另一方面來說，法國政府經常為英國的海洋霸權感到苦惱。因此，建設蘇伊士運河不只可以擴張本國的控制力，還是個可以擊垮英國海洋霸權的好機會。

為了阻止法國的政治企圖，英國政府除了要求各國不要提供資金協助以外，也使盡各種外交努力來阻止。當然，英國國內也不是鐵板一塊，也有贊成運河建設的聲音，但英國政府則是徹頭徹尾、一貫反對。

最後，在法國政府作為最大資助者的情況下，運河還是在一八五九年動工，並於一八六九年開通。如前所述，在運河開通的紀念儀式上，首先通過運河的，是法國的汽帆軍艦「鷹號」。

雷賽布的夢想

運河的開通，其實是始自法國前外交官雷賽布的夢想。雷賽布出身外交官家庭，曾在中東地區四處遊歷，對父親任職過的埃及也有一份強烈的情感。之後，和父親同樣任職外交官的雷賽布，終於獲得駐埃及的機會。這時，他從一冊報告書中得知，英雄人物拿破崙曾有建設蘇伊士運河的念頭，於是便產生了在蘇伊士地峽建設運河，連結地中海與紅海的宏大構想。之後，雷賽布周遊歐洲各國調度資金，僱用技術人員，歷經百般艱難，終於開通了蘇伊士運河。以現代術語來說，他就是以「協調者」的身分集結資金與人員。儘管他也前往英國遊說，卻遭到嚴詞拒絕，因此交涉並沒有成果。

當時的埃及是處於從宗主國鄂圖曼帝國半獨立的狀態（形式上是鄂圖曼帝國的一部分，實際則是由埃及總督所統治）下，受到穆罕默德．阿里家族所控制。穆罕默德．阿里的兒子塞伊德．帕夏於一八五四年就任為赫迪夫，和塞伊德交情甚篤（在他年幼時期曾教導過他馬術）的雷賽布，於是向塞伊德提出運河構想，並順利得到對方的開鑿許可。

就這樣，進行運河開鑿事業的萬國蘇伊士海洋運河公司（Compagnie Universelle du Canal Maritime de Suez，通稱蘇伊士運河公司〔Suez Canal Company〕）於一八五八年成立。運河在地中海方面的入口——港口城鎮塞得港，其名稱正是來自決定興建運河的赫迪夫塞伊德。

雷賽布與塞伊德兩人幹勁十足，在歐洲各國調度資金，為了建設夢想的蘇伊士運河而努力。但是，儘管他們設立了運河公司，英國政府卻不只拒絕入股，還激烈反對它的建設；另一方面，鄂圖曼帝國也暗地謀劃要挫敗運河的開鑿。

正因如此，除了法國以外的歐洲各國，對入股運河公司態度都很消極；結果最後是由赫迪夫持股百分之四十四才讓運河公司得以起步。為什麼英國會如此反對興建運河，原因如前所述，是因為會威脅到他們的權益。

妻子先一步過世、成為鰥夫的雷賽布，在六十四歲、運河開通不久之後，娶了一位小他四十三歲的女性；直到八十九歲逝世為止，他一共生下了十二個子女。晚年，他奔走於巴拿馬運河的建設構想，但許多工人都苦於熱帶病，同時因為地形困難，導致工程不斷延期，結果他欠下了大量債務，由他擔任董事長的巴拿馬運河公司（Panama Canal Company）也破產了。

麥金德的地緣政治學

就在英國確立海洋霸權的十九世紀下半葉，出現了一位曾任牛津大學教授，後來成為保守黨政治家的人物——哈爾福德・麥金德（Halford Mackinder，一八六一年至一九四七年）。麥金德被尊稱為「地緣政治學之祖」，是一位透過政治、歷史、文明等諸多觀點，縱橫議論地理學的學者。但綜觀他的演講記錄與著作，卻完全不曾出現「地緣政治學」（Geopolitics）這一個名詞。故此，他的這個頭銜，徹頭徹尾是後世的研究者與新聞記者所使用的表現手法。

「支配東歐的人就支配了心臟地帶，支配心臟地帶的人就支配了世界島，支配世界島的人就掌控了世界」——這是麥金德在二十世紀初期留下的一段著名的說法。所謂「心臟地帶」回顧當時，指的就是歐亞大陸的中央地區；「世界島」則是歐洲和非洲的總稱。儘管這兩地都是大陸，麥金德卻刻意用「世界島」來加以稱呼，這很明顯是從「島國」英國來鳥瞰世界的結果。

英國在非洲控制殖民地，並為了掌控世界貿易的大動脈而收購埃及的蘇伊士運河，因此非洲對當時的英國來說具有特別的意義。「世界島」這個概念，確實反映了英國的海洋史觀。

從海洋國家英國的視角來看，若說有哪個國家能控制心臟地帶，那就非德國與俄國莫屬。英國在整個十九世紀已經盡力壓制了法國，剩下的只有德、俄兩國；至於美國，在這個階段還沒有進入他們的視線當中。

簡單說，為了排除在歐陸出現大德國或大俄羅斯、威脅大英帝國的危險性，英國就必須打從根本，維持其海洋霸權才行——這就是英國對主要威脅的察覺。

然而，英國因為第一次世界大戰而顯得疲憊，國力急速衰弱；於是到了二十世紀初期，遂躍出了另一個和英國並駕齊驅的海洋強權——美國。

第二章　因鯨魚而改變的海上霸權

十九世紀下半葉起，美國逐漸以海上強權之姿嶄露頭角。美國自十九世紀上半葉起，便靠著世界各海域派出貿易船與捕鯨船踏出樹立海洋霸權的第一步。本章將詳細敘述身為「邊疆國家」的美國，如何透過捕鯨業正式開拓海洋邊疆，並透過地緣政治學的概念掌握海洋。在這裡沒有什麼海洋的秩序觀，只有民間為了在世界各地追尋鯨油，奮不顧身展開的激烈利益追求，而作為民間後盾的美國海軍，也把捕鯨業看成是官民一體的事業。

名為捕鯨的海洋邊疆——能源物資的確保

增田義郎[1]等歷史學者，將世界透過帆船連結的時代命名為「大航海時代」。若說歐洲的「大航海時代」是十五到十七世紀上半葉，那麼美國的「大航海時代」，就是十八到十九世紀了。

早在捕鯨業開始前的十八世紀下半葉，美國的貿易船就已經滿載著來自阿拉斯加（一八六七年由俄羅斯售予美國）的毛皮（海獺或海豹等皮），從東海岸的港口出航。他們沿大西洋南下，經過非洲南部的好望角（開普敦）抵達印度洋，接著更航行到南海。不過這段貿易航程，幾乎都是在英國東印度公司的控制下為之。美國商

捕鯨業開啟了美國走向遠洋的契機。

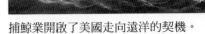

人在中國和印度販賣毛皮，回程則滿載著亞洲的特產（茶、生絲、絲綢、黃麻、陶瓷等），回到北美換取利益。

在這些貿易船中，也有些船和東印度公司締結了僱傭契約。這些船隻在東亞海域營運，從而得知在日本近海有豐富的鯨魚資源。這樣的情報不斷累積，終於引發了太平洋海域大規模的捕鯨熱潮。

在整個十九世紀間，捕鯨業盛極一時。但在一八六〇到一八七〇年代，石油精製的燈油出現以後，捕鯨業便慢慢走向衰落，到了二十世紀便成為衰退的產業。但不管怎樣，正因捕鯨曾是一大產業，美國才會追著它的海洋邊疆，不斷跨出他的腳步。

鯨魚熱潮的到來

捕鯨顧名思義，就是用漁船捕獲鯨魚。這項產業在美國引發了龐大的熱潮；之所以如

1 編註：一九二八年出生於東京都，日本文化人類學家，東京大學名譽教授。

此，是因為人們認為照明用的油燈燃料使用鯨油的效果最好，因此鯨油的需求急速高漲，並以能源物資之姿博得了爆發性的好評與愛用。英國社會也一樣需要鯨油，因此事實上最早出現在日本近海追尋鯨魚的，其實是英國的捕鯨船。

鯨油又稱為鯨蠟，對手錶、縫紉機、打字機等各種機械而言，它是堪稱至寶的潤滑油；在它之前相當普及，以蜜蠟、植物性油脂、動物獸脂為原料的蠟燭燈火，一下子全都喪失了光彩。雖然現在很難想像，不過鯨魚除了提供照明用的油脂以外，它的骨頭可以當作女性用的馬甲，鬚可以當作牙刷刷毛，除此以外還可以用來製造去汙、洗潔用的肥皂；鯨魚肢解之後，幾乎不會剩下任何廢棄無用的部分，因此一頭鯨魚的可利用性，堪稱相當之高。當時的人們完全無法想像沒有鯨製品和鯨油的生活，鯨魚就是生活的必需品。

只是和日本不太一樣，美國人並不把鯨魚肉當成食品來消費。現在雖然已經看不到鯨油的蹤影，但過去它可是難以想像的重要物資。

鯨魚從小型的小鬚鯨（身長十公尺左右），到巨大的藍鯨（身長平均二十三點九公尺），種類相當繁多，細細整理之後，大致可分為約八十五種。美國捕鯨的主要對象是抹香鯨（身長二十公尺左右），除此之外則是座頭鯨（身長十五公尺左右）。又，四公尺以下的小型鯨類，我們一般都稱之為海豚。

捕鯨的主要對象——抹香鯨，最大的特色是前頭部十分巨大，有時甚至達到身長的三分之一。在牠的前頭部裡，有稱為「腦油」的油脂儲藏空間。腦油就是做為油燈燃料與機械潤滑油所需的鯨油原料。將鯨魚的皮剝掉、煮過之後，更能確保鯨油的保存。抹香鯨在頭部左側前端有一個噴氣孔，噴氣的高度可達三到四公尺，從捕鯨船上很容易識別。當抓不到有鯨油的鯨魚時，捕鯨船則會捕捉大量的海豹與海象做為補貼。

現在的美國基於愛護動物與海洋環境的觀點，站在反對捕鯨的立場，對日本的捕鯨行動則嚴加批判。但回顧歷史，美國才是捕鯨的先驅者，更是濫捕鯨魚、造成鯨魚數量劇減的當事者。時代改變，國家的價值觀也會產生重大的變化，捕鯨的歷史正告訴了我們這麼一回事。

捕鯨基地的建設

美國捕鯨業的高峰是一八四〇年代後半到一八五〇年代，最盛時期的捕鯨船（具備遠洋航海能力）達到七百五十艘左右，如果包含只能在沿海作業的小型捕鯨船，則推定大概超過一千艘。

綜觀歷史，雖然早在殖民地時代很久以前，美國的原住民就已經開始捕鯨，但捕鯨作為一門產業受到矚目是在十八世紀，由來自英國的移民拓展起來的。

到了十九世紀，巨大的捕鯨產業進一步興起。為了供應鯨油的重要消費地點——紐約等東北部城市所需的大量鯨油，於是在大西洋的港口城鎮設置了捕鯨船的基地。新英格蘭的港口城鎮新伯福（New Bedford，位於現在麻薩諸塞州東南部）、麻薩諸塞州洋面上的小島南塔克特（Nantucket，現在是有錢人的高級度假區），甚至紐約東方延伸出去的長島（Long Island），都以美國最具代表性的巨大捕鯨基地之姿，呈現出一派活力旺盛的樣子。

在小說家梅爾維爾（Herman Melville）所著，描寫海員星巴克（Starbuck）[2]等人與名為「莫比敵」（Moby Dick）的巨大抹香鯨對決的海洋冒險小說《白鯨記》書中的第十四章，就有描述到南塔克特島的模樣。

以這些捕鯨基地為據點，許多捕鯨船帶著一獲千金的夢想朝遠洋出航，在整個大西洋展開捕鯨行動。他們涵蓋了幾乎所有鯨魚棲息的海域，但想當然耳，因為濫捕的緣故，鯨魚的數量日益減少，結果北大西洋的鯨魚瀕臨滅絕，連一點蹤影都看不見。捕鯨船不得已，只好繞過南美大陸南端的合恩角與麥哲倫海峽，千里迢迢前往太平洋捕鯨。他們在美國西海岸的舊金山設立了新的據點，接著更把夏威夷當成太平洋的前進基地，在那裡集結船隻。可是同樣由於濫捕，舊金山海域的捕鯨也陷於不振，美國人在無計可施的情況下，只好下定決心，前往東亞海域捕鯨。

十九世紀中葉，因為憂心在不久的未來鯨油將會枯竭，所以美國官民攜手合作，積極摸索朝海外發展的可能性。最後這些捕鯨船鎖定的目標，是有大量鯨魚棲息的日本近海。為了讓美國捕鯨船能夠自由在日本停泊、獲得食物、飲水、燃料、柴薪的補給、修理船體，以及搜索遇難船員，美國海軍的培里代將於是率領了四艘「黑船」組成的艦隊，前來對日本進行外交施壓。雖然教科書上不曾提及，不過培里要求日本開國的史實，其實和美國在日本近海的捕鯨有著密不可分的關係。這些捕鯨船最重要的據點，是北海道南端的美麗良港「箱館」（現在的函館）。

2 譯註：船長亞哈的助手，經常給他冷靜的勸諫。又，他的名字正是「星巴克咖啡」的由來。

培里代將航抵浦賀

培里奉了菲爾莫爾總統（Millard Fillmore，一八五〇年至一八五三年在任）的命令，於一八五三年七月和一八五四年二到三月，率領美國海軍東印度分遣隊（East India Squadron）[3]來到浦賀海域。在讓日本飽受「黑船」震撼的一八五三年那次來航中，他率領的隊伍是由兩艘蒸汽船與兩艘帆船所編成。

有關培里艦隊可能前來的消息，其實早在他初次前來的一年前（一八五二年六月），就已經由長崎的荷蘭商館透過長崎奉行傳達到江戶幕府的耳中，但江戶幕府並沒有採取因應對策。培里第二次來航時，在東京灣集結了九艘船艦（原本是七艘，後來又追加兩艘）、約兩千人的兵力，對幕府展開赤裸裸的砲艦外交。

培里的日本風畫像，當時日本稱美國人為「北亞墨利加人」。

美國從十九世紀初期起，便為了保

護貿易船和捕鯨船，向全世界派出小規模的海軍戰隊[4]。他們以輪調的方式不斷替換艦艇，讓分遣隊長期配置在海外；這樣的配置除了補給糧食、飲水和燃料外，也帶有護衛美國船舶的任務。

培里艦隊是由美國配置在東亞海域的東印度分遣隊的主力所構成。這支東印度分遣隊設立於一八三五年，旨在守護美國國民的生命與財產；他們以香港為據點，不斷推進美國在東亞的國家利益（對貿易船與捕鯨船的保護）。一八六八年，東印度分遣隊更名為「亞洲分遣隊」（Asiatic Squadron）；這時候還沒有使用「艦隊」（Fleet）這個名稱。

當時日本正值江戶時代末期，培里和江戶幕府（德川幕府）交涉後，於一八五四年三月三十一日，在橫濱村（現在的橫濱市中區）簽訂《日美和親條約》（Treaty of Kanagawa，神奈川條約），為持續兩百年之久的日本鎖國政策劃下了休止符。

事實上，培里在第一次航抵浦賀海域之前，曾經先在一八五三年五月二十六日前往沖

3 編註：任務區涵蓋印度洋、中國與日本海。
4 編註：squadron，海軍編組，指以兩個或以上的艦隊分隊所編成的組織，在海軍稱為戰隊，飛行的部隊則譯為中隊。

繩的那霸海域；在《日美和親條約》締結後，他也在一八五四年七月十一日，與琉球王國締結了《琉美修好條約》（Convention between the Lew Chew Islands and the United States of America）。日本讀者對《日美和親條約》都很熟悉，但對《琉美修好條約》卻較少知曉[5]。培里合計五次前往琉球，由此可知在東亞海域的航海中，琉球所佔位置之重要。

就這樣，日本（江戶幕府與琉球王國）在壓力之下開放了門戶，而美國也獲得了打入新的日本市場的機會；但就美國當時而言，其實有比貿易更加緊迫的狀況要面對。

從當時的航海紀錄來看，美國人已經不

黑船事件，培里的艦隊來到江戶。

只一次在美國西岸—夏威夷—日本近海這條路線往返進行捕鯨。特別起自北海道到庫頁島（樺太／薩哈林島）附近，被認為是相當有捕鯨潛力的海域，因此美國的捕鯨船必須頻繁在北海道的函館停泊，並在那裡補給食物、飲水、燃料和薪柴。

不只如此，冬天的北太平洋波濤洶湧，在進行遠洋航海作業時，常常會發生船員從捕鯨船上掉下去的意外。故此，美國的捕鯨船隊也會以函館為據點，進行遇難者的搜索以及救助。培里來航的主要目的，就是為了確保船隻在日本停泊的權利，以及捕鯨船所需的物資補給基地與海難用前線基地。也正因如此，美國才會在和江戶幕府締結《日美和親條約》的時候，除了下田[6]以外，還特別要求函館開港——當然，就長期而言，美國也有以日本為踏板跨足中國大陸，將日本當成對中國貿易的中繼點與停泊地的計畫就是了。

5 編註：條約以中文及英文各有一份，中文版本的條約以清室年號書寫，載為咸豐四年六月十七日，由總理大臣尚宏勳、布政大夫馬良才簽署。代表美國的培里的名字寫成「被理」，職稱為「合眾國全權欽差大臣兼水師提督」。

6 譯註：港口，位於伊豆半島南部的靜岡縣。

捕鯨船的遠洋航海與近代化

隨著捕鯨場從大西洋、太平洋一直擴大到東亞海域，十九世紀的捕鯨船隊從事遠洋航海的時間，可以長達六個月到四年不等；一般來說，在大西洋的作業需要六個月到一年，在太平洋則必須進行兩到四年的長時間作業。他們會從東北部的新貝福出港，沿大西洋南下，經合恩角通過麥哲倫海峽，再沿太平洋北上，抵達西岸的舊金山；但光是這樣，就已經需要相當的時間。

遠洋航海用的捕鯨船，通常是一艘木造的母船，帶著兩到三艘小艇進行作業。當發現鯨魚時，乘著小艇的獵手就會使用長矛形的魚叉攻擊鯨魚，並把牠們拉回母船。鯨魚拉上母船後會被肢解，將皮剝下進行加熱處理採取油脂；採到的鯨油會被裝進木桶裡（一桶約為一百五十九公升），當成商品進行販賣。鯨魚的數量並不是以「一頭、兩頭」來計算，而是以「桶」所盛裝的鯨油量來換算，比方說「一頭三十桶的鯨魚」之類的。由於捕鯨必須一直持續到把母船船艙裡的木桶裝滿為止，所以遠洋航行的時間也變得長期化。

當工業革命的波濤湧進美國之際，捕鯨母船也產生了重大變化。在十五到十七世紀的大航海時代，遠洋航行的船隻不用說都是帆船。但到了十九世紀，以煤炭為燃料的蒸汽船被發明出來，且日漸實用化。

於是到了十九世紀下半葉，捕鯨的帆船慢慢消失，改以蒸汽船為主流。不過實際來說，則是以帆船和蒸汽船結合的汽帆船佔了最大多數。和仰賴風力的帆船不同，以煤炭為燃料的蒸汽船擁有能夠不受氣象影響航行的優點，因此在遠洋航海的船隻（軍艦、捕鯨船、貿易船）中，它們的引進相當迅速。

航行在英國的海洋帝國中

當我們看到「黑船」停泊在浦賀海域的圖畫時，或許會直覺認為培里的美國艦隊是橫越太平洋抵達該地的，但事實並非如此。培里是從美國東岸出航，沿大西洋南下，經過非洲南部的好望角轉印度洋北上，接著通過馬六甲海峽、南海、東海，最後終於抵達日本，也就是往東作遠洋航行；同時，這也是一段非得經過英國海洋帝國的遠洋航程。

培里第一次的出航是在一八五二年十一月二十四日，指揮著旗艦——蒸汽船密西西比號

（USS *Mississippi*），單艦從美國東岸的諾福克軍港（Norfolk，位於今日的維吉尼亞州）出發，橫越大西洋，在中繼點——葡萄牙的馬德拉島（Madeira）停靠。之後直到抵達中國，他的航程都是在英國的海洋帝國的範圍內，因此不論糧食、飲水、燃料、柴薪，都得仰賴英國當局的補給。

培里從馬德拉島出航後，沿著大西洋一口氣南下，在英屬聖海倫娜島（Saint Helena）停泊。說到聖海倫娜島，或許我們都會想到幽禁法國皇帝拿破崙的絕海孤島，但其實它是從大西洋前往印度洋之間的重要中繼港口。

培里從這裡又進一步南下，在非洲的英國領地開普敦停泊，接著北上抵達印度洋的英國領地模里西斯島（Mauritius），然後再沿著達伽馬發現的印度洋航線繼續北上，抵達英國領地錫蘭島（斯里蘭卡）的可倫坡。之後，他通過馬六甲海峽，在英國領地新加坡停泊補給，由此再進入南海，在香港、澳門、廣州（廣東）停留；在上海停泊後，他先是抵達琉球王國，再到小笠原群島周遊一陣，之後才駛往日本。

從培里的航海路徑來看，除了葡萄牙所屬的馬德拉島以外，他在大西洋與印度洋經過的所有島嶼，全都是英國領地，而廣東和上海，也都是英國影響力深遠的地方。換句話說，要是不在英國領有的島嶼停泊，大西洋—印度洋—南海—東海的海上貿易就無法成立；這在十九世紀中葉已經是鐵錚錚的事實。

來到浦賀海域的培里艦隊共有四艘，除了旗艦以外的三艘，都是原本已經部署在東海地區的船隻：培里在香港與兩艘帆船（普利茅斯號〔USS *Plymouth*〕與薩拉托加號〔USS *Saratoga*〕）會合，接著又北上，與在上海待命的汽帆船薩斯奎哈那號（USS *Susquehanna*）會合，同時也將旗艦由密西西比號，轉移到薩斯奎哈那號。最終抵達日本時，他所率領的就是這四艘軍艦編組而成的艦隊。培里於一八五三年七月八日，在神奈川的浦賀海域碇泊，距離他從美國海軍基地諾福克出港，約已經過了七個月的時間。

對美國而言相當幸運的是，英國在太平洋的領地僅限於紐西蘭與澳洲等赤道以南的太平洋海域，至於太平洋中部到北部，他們則是鞭長莫及。這片英國尚未控制、處於權力真空的地區，包括了夏威夷、關島、菲律賓等島嶼。美國在十九世紀末，成功控制了這些島嶼，從而確保了聯繫美國本土與中國大陸的貿易路線。不可否認，美國稱霸海洋的劇本，就是仿照英國而來。

貿易船與捕鯨船的保護

如前所述，美國從捕鯨全盛期的十九世紀上半葉起，就在世界各地派遣小規模的海軍「分遣隊」，以保護美國的貿易船與捕鯨船。從現在的眼光看起來，這不過是兩三艘小得可憐的帆船組成的編隊，怎樣也稱不上是「海軍力量的展現」。在美國海軍史中，將這段時期稱為「舊海軍（Old Navy）時代」。

美國派遣「分遣隊」的目的，徹頭徹尾只是為了保護貿易船和捕鯨船，完全沒有任何發揚海上力量的意識在。它們的目的相當侷限，不是為了進行以戰鬥行動為前提的軍事作戰，只是為了應付地中海和加勒比海地區的海盜而已。同時，它們在保護大西洋與太平洋的捕鯨船時，也有著緊盯第三國、讓對方不敢輕舉妄動的象徵性意義在。

美國之所以將分遣隊派到全世界，主要是因為他們在一七七六年脫離英國獨立。獨立之前，美國的民間商船可以交給英國海軍艦艇保護，但隨著獨立戰爭、美國自英國脫離，美國船隻就不能再受英國海軍庇護了。在將美國一分為二的南北戰爭（一八六一年至一八六五年）期間，美國曾經命令除了非洲分遣隊（Africa Squadron）以外的所有分遣隊歸國，但在內戰結束後，就又再次將它們派遣到世界各地。

這個「分遣隊」時代貫穿整個十九世紀，持續了約九十年，直到老羅斯福總統（Theodore Roosevelt Jr.）的登場才出現了轉變。老羅斯福將分遣隊改為以展現海上實力的戰鬥行為為前提的「艦隊」（Fleet），從此美國遂進入了「艦隊」的時代。

這項名稱變更是在一九〇一年開始的五年間實施的。當時正是德國在歐陸急遽增強海上力量，日本也在太平洋不斷強化海軍實力的時期，同時也是海上的絕對王者英國因為布爾戰爭而陷入疲憊，因而放棄「光榮孤立」的傳統海軍政策，與日本締結英日同盟（一九〇二年）的時期。

以下列舉出「分遣隊」與「艦隊」的一覽表，及其名稱的變更。加上美國在十九世紀期間，負責本土沿岸警戒的本土分遣隊（Home Squadron），他們在世界各地，共派出了六個分遣隊（James C. Bradford, 2016）：

一、地中海分遣隊（Mediterranean，一八一五年至一八六五年）、更名為歐洲分遣隊（European Squadron，一八六五年至一九〇五年）、又更名為大西洋艦隊（Atlantic Fleet，一九〇五年）。

二、太平洋分遣隊（Pacific Squadron，一八二一年至一八六六年）、分割為北太平洋和南太平洋分遣隊（North Pacific Squadron、South Pacific Squadron，一八六六年至一八六九年）、再次整合為太平洋分遣隊（一八六九年至一九〇一年）、變更為太平洋艦隊第二分遣隊（Pacific Fleet's Second Squadron，一九〇一年至一九〇七年）、變更為太平洋艦隊（Pacific Fleet，一九〇七年）。

三、西印度分遣隊（West Indies Squadron，一八二二年至一八四一年）、歸併入本土分遣隊（一八三八年至一八六一年）。

四、巴西—南大西洋分遣隊（Brazil Squadron〔South Atlantic Squadron〕一八二六年至一八六一年）、變更為南大西洋艦隊（South Atlantic Fleet，一八六五年至一九〇五年）、變更為大西洋艦隊（Atlantic Fleet，一九〇五年）。

五、非洲分遣隊（一八二一—二三年、一八四三—六一年）、變更為北大西洋艦隊（North Atlantic Fleet，一八六五年至一九〇五年）、變更為大西洋艦隊（一九〇五年）。

六、東印度分遣隊（一八三五年至一八六八年）、變更為亞洲分遣隊（一八六八年至一九〇一年）、變更為太平洋艦隊第一分遣隊（Pacific Fleet's First Squadron，一九〇一—〇七年）、變更為亞洲艦隊（Asiatic Fleet，一九〇七年）。

如前所述，培里司令逼迫日本開國的時候，動用的是東印度分遣隊的兵力。之後在美西戰爭（一八九八年）之際，停泊在香港的亞洲分遣隊（司令官為喬治・杜威 George Dewey）六艘艦艇前往菲律賓的馬尼拉灣，發動砲擊摧毀了西班牙太平洋艦隊的七艘艦艇，立下了赫赫功績，而杜威司令也因此成了美國國內家喻戶曉的英雄。

另一方面，在北非的阿爾及利亞海域，因為伊斯蘭海盜經常襲擊美國商船，為了對抗海盜也組成了地中海分遣隊。

就像這樣，「分遣隊」的派遣目的雖然因地區而有所不同，規模也不大，但美國政府在十九世紀上半葉，就已經派遣海軍分遣隊前往世界各地，這不免讓人感到驚訝。美國海軍的幹部就是透過分遣隊的派遣，才會產生出從地緣政治學的角度看待海洋的發想吧！

作為海外領土的「島」

在美國向海洋大國邁進的過程中，一個相當重要、讓他們得以將手中的新發想變成現實的關鍵契機，就是他們將前面也曾提及的捕鯨據點、位在太平洋上的「島嶼」——夏威夷納入領土。可是，當時序由一八六〇年代邁入一八七〇年代時，鯨油的需求已經明顯呈現下降趨勢。由石油精製而成的燈油出現，使得油燈燃料變成石油來主導。鯨油不只價格昂貴，而且還有味道，點火的時候房裡會充滿煙，但石油完全克服了這些弱點。因此，鯨油在日常生活中退場只是時間早晚的問題而已。

這個時候，美國對海洋的地緣政治發想，全都傾注在擁有海外的「島嶼」上。一八九〇年代後半，他們已經實質控制了加勒比海的兩座島（古巴、波多黎各），以及太平洋上的三處島嶼（夏威夷、關島、菲律賓）。

又，雖然不是「島」，但美國在一九〇三年實際合併了中美洲的巴拿馬「地峽」，並開始著手興建連結大西洋與太平洋的巨大工程——巴拿馬運河（參照第三章）。被大西洋、加勒比海與太平洋包圍的「地峽」，從被海洋包圍這點來看，其實也可以看成是類似島嶼的存在。

美國最早伸手觸擊的「島」是夏威夷。美國捕鯨船朝日本近海前進的路線，一開始是沿大西洋南下、經非洲南端的好望角（開普敦），再北上印度洋、南海，直到日本近海；但當夏威夷周邊海域捕鯨開始盛行之後，航線就變成了沿大西洋南下、經南美南端的合恩角與麥哲倫海峽，北上太平洋，再從舊金山經過夏威夷，抵達日本近海。

就這樣，在一八四〇年代，大多數的捕鯨船都先集結在夏威夷再動身前往日本近海。作為中繼據點，必須建設有保管裝有鯨油木桶的倉庫，還得提供捕鯨船食物和飲水，並修理容易損壞的木造捕鯨船。就這些方面，夏威夷都是相當方便的據點。夏威夷群島於是在美國捕鯨船隊的中繼基地上扮演了重要的角色；當培里司令率領的美國海軍艦隊遠航到日本之後，它的戰略重要性更顯高漲。

當美國和夏威夷王國在一八八七年締結協定、獲得建設珍珠港為海軍基地的獨佔權後，便開始產生將夏威夷王國併入美國的構想。於是，居住在夏威夷的美裔居民，在美國海軍陸戰隊的協助下發動軍事政變顛覆王權，宣布成立夏威夷共和國；一八九四年八月，美國承認親美的夏威夷共和國，一八九八年，夏威夷被併吞為美國的一部分（一九九〇年成為準州，一九五九年正式升格為第五十州）。

雖然是相當遙遠的事，不過當時的政治家、軍人和貿易商人在放眼中國大陸的潛在市場時，已經看了夏威夷可以當作對中國貿易的中繼點，從而發揮很大的作用。

但另一方面，他們也看到很多日本人以契約勞工的身分，湧向夏威夷與美國西海岸，因此不免也擔心，日本將來是否會吞併夏威夷。為了抹消這樣的憂心，讓美國合併夏威夷對他們來說是必要的。事實上，當夏威夷發生推翻王政的政變之際，日本海軍就曾為了守護日本人的生命財產於一八九三到九四年間，派遣軍艦「浪速」號，對反王政派進行威嚇行動；日本可能併吞夏威夷的說法，其實並不只是紙上談兵而已。

佔有古巴

動起夏威夷腦筋的美國，從以前就對近在佛羅里達半島眼前的加勒比海群島虎視眈眈，這些島嶼長久以來就被西班牙與英國所控制。英國擁有世界上最大的海軍力量，還建構起龐大的帝國，因此沒人敢對他們武力相向，但若是以日暮西山的西班牙為對手，那機會應該相當大。在這些島嶼當中，特別是加勒比海最大的島——古巴，取下這裡正好符合美國長年以來的夢想。

古巴從十六世紀開始，就以紅甘蔗（砂糖的原料）的產地為眾人所矚目，對十九世紀的美國來說，它是砂糖不可或缺的重要供應地。為了砂糖的安定供應，美國投下了偌大資金，在當地興建巨大的甘蔗種植園，還有很多美國人移居當地，結果讓這個島的面貌為之一變，實際上慢慢朝著美國的殖民地邁進。

由於古巴屢屢發生反抗宗主國西班牙的抵抗與獨立運動，因此美國政府也高舉守護美國人生命財產的大義名分，幾度派遣海軍與海軍陸戰隊前往該地。在一八九八年四月美西戰爭爆發的前夕也是如此。當時古巴的最大城市哈瓦那發生暴動，於是美國海軍為了守護美國人民

引發美西戰爭的美國軍艦緬因號爆炸的畫作。

的生命財產，派遣軍艦「緬因」號（USS Maine, ACR-1，不是帆船而是蒸汽船）前去。結果就在這年二月，當緬因號停泊在哈瓦那港的時候，發生了謎樣的爆炸沉沒；這起悲慘的事件，任誰都會聯想是西班牙的奇襲所致。當時船上有兩百六十名乘員與士兵（包含八位擔任僕從與廚師的日本人，當中有六人死亡）隨艦犧牲。美國的報章媒體情緒激動，紛紛直指這是西班牙的攻擊；在美國國內，對西班牙開戰的聲浪一下子高漲入雲。

雖然爆炸的原因至今尚未解明，不過一種有力的說法是，由於船上裝載了大量作為蒸汽鍋爐燃料用的煤炭，結果引發了煤炭自燃。但也有另一種說法認為，緬因號是觸碰到水雷才爆炸沉沒的。

雖然關於緬因號的爆炸沉沒沒有決定性的證據，但是當時報章媒體間，直指這是西班牙陰謀的聲音甚囂塵上，於是麥金萊總統（William McKinley，一八九七年至一九〇一年在任）就在被媒體推著走的情況下，向國會提出希望開戰的咨文。國會在同年四月決議開戰，派遣陸海軍和志願軍前往古巴。美西戰爭於是正式爆發，但西班牙並沒有和美國硬碰硬打一仗的軍事實力，於是當年八月便早早締結了休戰協定，並於十二月在巴黎正式簽署和約。美國得以租借當初登陸的古巴東部海灣地帶，至今他們仍在使用那裡的關塔那摩海軍基地。

美國在十九世紀下半葉迎來經濟成長的高峰，躍升為世界數一數二的工業國，再加上原本就是世界第一的農業國，於是他們就在不知不覺間超越了英國，成為世界第一的經濟體。以這種經濟上的自信為背景，美國不斷加速將加勒比海以及太平洋的島嶼，變成自己的領地。

成為戰勝國的美國

如前所述，美國在美西戰爭中擊敗西班牙後，從西班牙那裡接收了加勒比海的兩座島嶼（古巴、波多黎各）以及太平洋的兩處島群（關島、菲律賓）。另一方面，自一八九三年起便懸而未決，有關是否該佔領夏威夷的問題也有了結論，決定將夏威夷一鼓作氣吞併。

就這樣，美國在加勒比海獲得了強大的立足點，在太平洋也成功將三個有力的島群（夏威夷、關島、菲律賓）收歸己有，從而創造了在政治與軍事上壓制太平洋這個地理空間的條件。太平洋之於美國，正是海洋地緣政治學所投影的戰略海域。

大海軍主義者兼海軍史學家馬漢（Alfred Thayer Mahan）就說：「制海權，亦即對國家利益與本國貿易賴以為生的遠洋航線的掌控權，乃是各國國力與物質繁榮的諸要素中，最為重要的事物。」（〈夏威夷與我國海上權力的將來　一八九三年九月〉〔The Interest of America in Sea Power, Present and Future〕；收錄於麻田貞雄編譯，《馬漢海權論集》〔マハン海上権力論集〕）馬漢至少在一八九三年就已經力陳掌握加勒比海與太平洋制海權的必要性；領有上述那些島嶼，讓美國得以實質掌握該海域的制海權。

可是美國若要真正獲得制海權，還須解決兩個擺在眼前的重要課題：第一是建設連結大西洋—加勒比海與太平洋的巴拿馬運河；第二則是保有和英國相當的巨大海軍力量。巴拿馬運河若是完成，則海軍主力的大西洋艦隊能夠迅速去到太平洋，從而使得海軍艦艇在太平洋和大西洋的運用能夠融為一體，

世界海權論的重要學說的提倡者，馬漢。

若是進一步增強海軍，也可以使制海權產生飛躍性的提升。將這兩個議題果敢付諸實踐的，是極端尊敬馬漢的老羅斯福總統。

海上力量論者馬漢的登場

從地緣政治學概念掌握海洋的兩位重要推手，一位是海軍軍官兼史家馬漢（一八四〇年至一九一四年），另一位則是從海軍部副部長、紐約州長、副總統，一路爬上總統寶座的老羅斯福（一八五八年至一九一九年）。這兩人都是大海軍主義者（Navalist），也是海權主義的信奉者。他們在十九世紀末的美國登場，若說他們為美國的海權主義奠立了堅實的基礎一點也不為過。他們都鍾愛海軍，堅信大海軍的實現與美國的繁榮之間密不可分，同時也都愛用地緣政治學的方式來看待海洋；在他們的引領下，美國正一步步走向海洋霸權國家。

馬漢是十九世紀末到二十世紀初，也就是美國以海洋霸權在世界嶄露頭角的黎明期登場的海軍戰略家與地緣政治學者。相對於馬漢，第一章提到的英國地緣政治學家麥金德，則是在大英帝國的高峰期已過、海洋實力逐步下降、有日暮西山之憂時登場的一位警世地理學者，因此兩者之間的差異相當之大。

編譯馬漢論文集的歷史學者麻田貞雄，如此概論馬漢這個人：「他是海軍軍官、海事史家、大海軍主義意識形態者、戰略家、總統顧問、世界政治評論家、外交史家、重商主義者、先知、宗教家、帝國主義者，同時也是跨足海外的宣傳旗手。」馬漢雖然是美國海軍軍人，但並不擅長艦上勤務，所以幾乎看不到任何書籍或論文曾經描寫他在軍艦上有何活躍的事蹟[7]。他曾經搭乘美國海軍的小型艦艇（汽帆船）在日本停留過將近一年的時間，這段經驗讓他對日本和亞洲問題抱持著高度的關心。

馬漢在一八五九年從安納波里斯的海軍官校畢業，之後直到一八九六年為止，都以教官的身分任教於紐波特海軍戰爭學院，負責教授海軍史與戰術。馬漢的父親是陸軍官校的教授，因此他的出生地是在紐約的西點。

馬漢最能發揮所長的地方，是在針對海戰史、海洋地緣政治學，以及海權的戰略和重要性進行論文與評論的執筆。他不是那種耳聰目明的情報軍官，而是比較具備學術氣質的教官類軍人。在這些論述中，尤以《海權對歷史的影響，一六六〇至一七八三》（*The Influence of Sea Power upon History, 1660-1783*，一八九〇年著）在海外評價最高，也讓他名聞遐邇。這本著作在日本也有許多愛好者，帝國海軍的外圍團體水交社，就在一八九六年以《海上權力史論》之名，刊行了這本書的全譯本。

在日本、英國、德國等國家，馬漢尤其被視為至寶，有不少讀者甚至到了將馬漢的論著倒背如流的地步。當馬漢訪問英國的時候，維多利亞女王還特地為他召開歡迎會，受到世界第一海權國家的熱烈款待。在日本，他也以帝國海軍為中心，擁有廣泛的讀者，而他的理論，也成了帝國海軍強化擴充的支柱。

什麼是「海權」？

馬漢之所以能在海外博得廣大支持，大概就是因為「海權」這個充滿魔力的概念，緊緊抓住人心的緣故吧！英國為了持續長保「海上力量」閱讀馬漢的作品，日本和德國則為了獲

7 編註：馬漢曾於一八八三年至一八八五年九月，指揮汽帆船瓦楚塞特號（USS *Wachusett*），期間派駐在祕魯，直接參與保護美國在硝石戰爭後期於當地的利益。一八九三年被任命為防護巡洋艦芝加哥號（USS *Chicago*）的艦長，並指揮該艦至歐洲的巡訪。

得「海權」而學習馬漢的著作，邁向富國強兵之道。日本在當時將「Sea Power」翻成「海上權力」，但其實也可以譯成「海洋國家」和「海上力量」。

那麼，「海上力量」或者「海上權力」，其內涵又是什麼呢？雖然我想直接引用馬漢的著作，但他的文章並不簡潔，而且相當拗口難讀，所以我就引用一篇專門解釋「海權論」的解說文（麻田貞雄編譯《馬漢海權論集》二三、二四頁）吧！

「海上權力（海權）」這個響亮的口號，比起單純的海軍力量（Naval Power）含意更廣。它的概念「不只限於軍力，還包括以艦隊力量為基礎的海運業與商船隊，以及作為其據點所必需的海外基地與殖民地」；一言以蔽之，就是「支配海洋的總體力量」。

馬漢認為，國家的「海上權力」有六個基本構成要素：地理位置、自然結構、領土範圍、民族特點、國民性、政府政策，

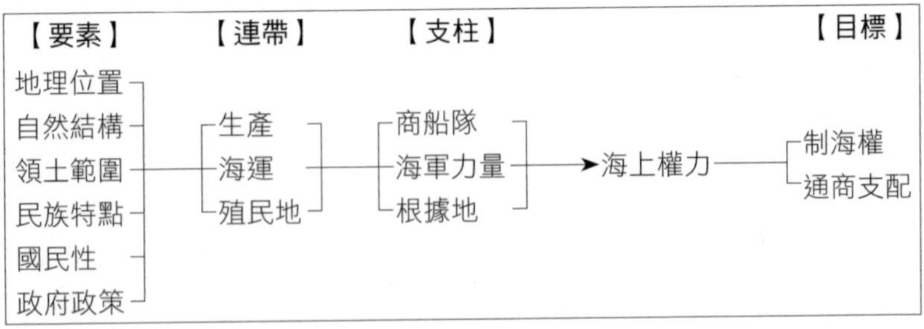

海權概念，引自麻田貞雄編譯《馬漢海權論集》。

從這裡又發展出國家經濟活動的三個要點：生產、海運、殖民地；當用來贏取這三點的手段：商船隊、海軍力量、根據地都能確保的時候，也就可以獲得「海上權力」了。至於「海上權力」最終的目標，則是要支配「制海權與通商」。

將這些條件與特色全都結合在一起的，就是十九世紀的英國。馬漢明顯是從大英帝國得到靈感來寫出這部《海權論》的；正因如此，他去訪問英國的時候，才會受到維多利亞女王的款待。

那麼，美國在這方面又該怎麼做呢？「馬漢深信，美國國民有著向海洋發展的偉大特質，如果能讓他們自由發揮，一定能打開通往強大海權國家的道路。美國人所必須的，只是為了達成這項使命應運而生的領導力、意志以及活力罷了。」——簡單說，馬漢所渴望的就是一位強力的政治領袖。

雖然「Sea Power」和「海權」等詞彙幾乎都已成了固定的專門術語，但本書在接下來的部分，都會特意使用「海上力量」這個表現方式；畢竟一般讀者對「Sea Power」不是很熟悉，而「海洋國家」在軍事意義上，表達起來又有點弱，所以我就選了含有軍事意味的「海上力量」。

對馬漢的「海上力量論」大加讚賞的，就是後來成為總統的老羅斯福（西奧多・羅斯福）。

英雄老羅斯福與美西戰爭

如前所述，美國海軍的軍艦緬因號於一八九八年二月，在西班牙領地古巴的哈瓦那港發生謎樣的爆炸後沉沒，造成約兩百六十名乘員與士兵死亡。接獲這個消息時，時任海軍部副部長的羅斯福（一八九七年四月任命）便預料到美西之間不久將陷入戰爭，於是開始準備對西班牙作戰。

不等總統和海軍部長的決定，他自行下令在東海值勤的亞洲分遣隊返回香港，在開戰之際伺機擊破停泊在菲律賓馬尼拉灣的西班牙艦隊。他在擔任副部長的時候就已經看出情報的重要性，設立了海軍情報局，同時也力陳增強海軍的重要性，朝著重視海軍的方向不斷努力。

一八九八年四月美西戰爭爆發後，羅斯福辭去海軍副部長的位置，組成一支志願軍部隊；他自任團長，打算率領這支隊伍前往戰地古巴。當他開始募集志願兵的時候，申請加入隊伍的人蜂擁而至，結果他以德州和亞利桑那州的人員為中心，選拔了大約一千人，當場編成一支軍隊。

這支部隊被暱稱為「莽騎兵」（Rough Riders，意指騎著烈馬、豪放不羈的騎者），廣受國民愛戴。根據羅斯福自己口述的《莽騎兵》所述，這群志願軍大多數是牧場的牛仔、礦工、地方警察等，因此對於他們是否能像正規軍一樣有紀律地加以編組一直存在疑慮的聲音。羅斯福在確保資金後，準備了一千兩百匹馬，採用正規騎兵的方式加以訓練，讓他們的組織力急速高漲；透過這種手法，羅斯福也掌握了人心。

「莽騎兵」成為美國政府公認的志願軍部隊，在戰爭結束時，已經成長到和正規軍同享名譽的地步。特別是在德州，有很多原本參與當地自衛團體「遊騎兵」（Taxas Rangers，原本是自衛團體，後來逐漸蛻變為軍隊，活躍於一八四六到一八四八年間的美墨戰爭）、相當優秀的成員參戰，成為志願軍的核心。美國職棒大聯盟的球隊「德州遊騎兵」，其名字就是來自這支隊伍。

不只如此，因為羅斯福是哈佛大學出身，所以包含哈佛、耶魯、普林斯頓等常春藤名校，也有許多仰慕羅斯福的志願兵聚集而來。常春藤（Ivy）是一種藤蔓植物，「常春藤名校」指的是校舍為藤蔓覆蓋、歷史悠久的美國東北部八所大學。在羅斯福團長的指揮下，這群學生以志願兵身分集中訓練，然後前往佛羅里達州的坦帕港搭乘數艘蒸汽船前往戰地古巴。

羅斯福團長因為率領志願軍「莽騎兵」向聖胡安（古巴東部的一座山丘）發動突擊，以其勇敢活躍的形象，一下子成為當時的風雲人物。當他回國後便參選紐約州長並順利當選，接著在麥金萊總統競選連任時更被提名為副總統，名聲益發響亮。當《莽騎兵》付梓之際，他在書中記載了每一位志願兵的名字、出身地和職業，同時也寫明了每一位戰死士兵的死因（比如說被敵人的砲彈命中）。這種關心到每一個志願兵的態度，不用說也是羅斯福名聲響亮的原因之一。

紀念羅斯福團長率領「莽騎兵」攻向關鍵的聖胡安山一役畫作。

大海軍主義的總統

麥金萊總統連任成功後，羅斯福也跟著登上副總統的寶座，但麥金萊總統在一九〇一年九月走訪在水牛城舉辦的泛美博覽會時遭到暗殺，於是羅斯福遂依美國憲法規定宣誓就任成為總統。

羅斯福並不是在華府，而是在水牛城宣誓就職。大家都以為他會在毫無心理準備的情況下繼任總統，但事實並非如此。他從以前開始就已經在腦海中描繪出一套政策，如今則是掌握了這個實踐的好機會，以白宮為陣地，打出一波波內政與外交的牌。

羅斯福是位熱心推動海洋政策的政治家，但他會這樣熱中的背景是什麼呢？羅斯福原本就喜歡學習海軍歷史，他在哈佛大學的畢業論文，主題是分析十九世紀海戰的勝利因素。他的著作超過三十冊以上，加入政治活動後依然執筆不輟。和馬漢的著作相比，羅斯福的文章更為平近易讀。話說回來，他之所以強烈關心海軍，理由還是和他的出身有關。他有位在母親那邊的親戚，是參與南北戰爭（一八六一年至一八六五年）的南方邦聯軍的海軍軍官，因此他從小就透過親戚，得知海軍的偉大之處。他曾經追著這位因戰敗流亡英國的親戚前往英國，由此可見他對海軍的熱情有多高。

老羅斯福屢次訪問英國，對英國在世界建構起海軍網絡、確保制海權的事情感觸甚深，對於以英國為中心的貿易體制，更是耿耿於懷。在這樣的經歷下，他深信沒有海軍力量，就不可能達成國家繁榮，從而成為一名大海軍主義者。

布克兄弟製的軍服

在本章的最後，讓我聊一點關於美國有名的紳士服裝品牌——布克兄弟（Brooks Brothers）的題外話。羅斯福在出征美西戰爭的前夕，前往紐約販賣高級紳士服的布克兄弟總店，訂購了一套特製的軍服，然後就穿著這套軍服前往戰地古巴。之所以如此，是因為他並非正規軍，而是率領招募而來的士兵組成的急就章志願部隊，所以在有限的時間內，必須準備一套自己的軍服才行。

接受他請託的布克兄弟，在這件特製軍服的大衣襟上，繡上了「USV」（United States Volunteer，合眾國志願兵）三個字。羅斯福的部隊正式名稱為「The First U.S. Voluntee

Cavalry（合眾國志願兵第一騎兵團）」，簡稱「USV」。

羅斯福在布克兄弟穿上訂製的軍服後，便前往附近的照相館照了一張肖像照。在描述羅斯福的報導與書籍中屢屢會引用他穿軍服的那張照片，就是在這時拍下的。紐約出身的羅斯福相當喜歡布克兄弟的服飾，就任總統後也依然愛用他們的服裝。

喜愛布克兄弟服裝的總統，並不只有老羅斯福。在美國歷任的四十五位總統（從華盛頓到川普）中，有四十位總統選購這家總部位在紐約的服裝店的襯衫、上衣和大衣。他們在日本也設有分店。

林肯當選連任之際，也穿著該公司贈送的長外衣；而這件黑色外衣，正是在林肯於華府的福特劇

老羅斯福前往戰場之前，在紐約的布克兄弟服裝店訂製的軍服。

場遭到來自南方的演員暗殺時穿的同一件。因為發生這種不幸的事件，所以該公司從此便不再生產同款的衣服了。

小羅斯福總統在第二次世界大戰期間，前往嚴寒的克里米亞半島的雅爾達，與英國首相邱吉爾、蘇聯總理史達林會談（一九四五年二月）時，披的就是布克兄弟製的溫暖披肩。在世界史教科書提到雅爾達會議時，一定會刊載那張照片。

暱稱「JFK」的甘迺迪總統，在私底下相當愛穿布克兄弟品牌的開襟襯衫，即使在總統辦公室裡也穿著他們的襯衫。當尼克森總統與歌手貓王在白宮會面時，也是穿著布克兄弟的白襯衫配領帶。柯林頓總統和妻子希拉蕊，也喜歡穿著布克兄弟贈送的絨面革夾克（用小羊或小牛皮的內側做成，具有毛絨性質的素材）。川普總統和歐巴馬前總統一起舉行總統就任儀式時，也是穿著該公司的冬季長大衣。

就像這樣，布克兄弟的西裝深受以老羅斯福為首的歷代總統所喜愛。不只布克兄弟，珠寶公司蒂芬妮的產品也廣受美國富裕階層所熱愛；這兩家店的共通點是，他們都在南北戰爭時支援北軍，隨著北軍的勝利，也成為勝利組的商人。不論何時，權力和商人之間總是有著密切的關係。

靠著美西戰爭的英勇事蹟，老羅斯福一步步邁向總統之路。當他就任總統後，也是穿著布克兄弟的服裝，在華盛頓的總統辦公室裡發表兩項重要的海洋政策：第一項是在中美「地峽」建設巴拿馬運河，第二項則是建立與英國海軍並駕齊驅的海軍力量。

第三章　朝海洋霸權邁進的美國

當鯨油衰退、石油成為重寶的時代降臨，美國也為了追求石油，積極從事內陸與海底油田的開發事業。關於這點將在下一章詳述，本章將談論的，是前一章末尾時提及、老羅斯福的海洋霸權構想（建設巴拿馬運河與大海軍）。

透過這兩項計畫，美國人心中慢慢萌生了關於海洋秩序的發想；本章就要解明在二十世紀爆發的兩次世界大戰中扮演關鍵角色的美國，是在怎樣的機制下，成長為引領海洋國際秩序的大國。

以掌握海上力量為目標的總統

老羅斯福總統（一九〇一年至一九〇九年在任）一心希望美國能掌握世界一流的海上力量，從而確保制海權與通商路徑，因此積極推動兩項海洋政策：一項是連結大西洋—加勒比海與太平洋的巴拿馬運河建設（一九〇四年開工、一九一四年開通），另一項是保持與英國海軍足以並駕齊驅的海軍力量。這兩項偉大的成就，都在羅斯福執政期間達成。將海軍戰略家馬漢的教誨深藏心中，羅斯福將總統的權限發揮到極致，朝海上力量之路毫不猶豫地筆直邁進。

不只如此，他還在心中描繪出以美國為

老羅斯福與他的巨棒外交政策。

中心的世界秩序；他在朴茨茅斯召開日俄戰爭的媾和會議，以調停者的身分促成這場戰爭的終結，而他也因為這項功績，在一九〇六年成為第一位獲得諾貝爾和平獎的美國人。在當時的諷刺漫畫中，羅斯福總被畫成揮舞「巨棒」（Big Stick，暗指軍事力）的好戰主義者，結果竟然獲得了諾貝爾和平獎，這實在是更加諷刺。儘管如此，藉著這次扮演調停的角色，羅斯福讓美國成功躋身國際政治上不可輕忽的大國之列，這是不容否認的。二十世紀破曉之際，以美國為中心的世界將要到來，而這正是國際宣傳的絕佳機會。

美國夢——巴拿馬運河

羅斯福總統最早展開的外交、國家安全政策，就是在當時由哥倫比亞管轄下的巴拿馬「地峽」興建運河。透過這條運河的建設，大西洋—加勒比海和太平洋在歷史上首次被連結起來，對世界貿易的航線與軍事戰略，都帶來了革命性的變化。

羅斯福之所以對巴拿馬運河建設的重要性深有感觸，是因為前面提及的美西戰爭（一八九八年）。當時判斷美西必然開戰的羅斯福，以海軍部副部長的身分做出要將美國海軍艦艇集結在加勒比海的判斷，於是下令派駐在美國西岸的戰艦「奧勒岡」號（基礎排水量約一萬噸，乘員和士兵合計約四百八十人）來到加勒比海，以增強戰力。奧勒岡號（USS *Oregon*, BB-3）接到命令後，立刻從原本停泊的舊金山港出發，與北大西洋分遣隊會合；但是，它到最後卻沒有趕上開戰。原因是當時還沒有巴拿馬運河，必須繞過南美洲南端的合恩角與麥哲倫海峽才行，結果當美西戰爭爆發（四月二十五日開戰）之後一個月，奧勒岡號才抵達加勒比海與北大西洋分遣隊會合。

麥哲倫海峽周邊的氣象，總是惡劣到讓人苦惱，再加上南美有不少親西班牙勢力存在，要在當地的港口獲得煤炭補給也頗成問題，因此在那裡航行可謂艱辛萬分；等到這艘戰艦好不容易歷經千辛萬苦，終於和北大西洋特遣隊會合後，卻已經沒有在美西戰爭中活躍的機會了。有了這個太平洋和大西洋派駐戰艦無法一體運用的痛苦經驗後，羅斯福念茲在茲，一心想建設巴拿馬運河。

由於合恩角與麥哲倫海峽激烈的氣象變化，使得船艦的航行屢屢遇到困難；但相反地，若是經由巴拿馬運河，扣除颱風以外，氣象大致上相對穩定，因此航行也能變得很順利。

尤其是對商船而言，安全航行堪稱日常切身的問題。巴拿馬運河開通以前，連結大西洋與太平洋的海上貿易只能經由合恩角與麥哲倫海峽，這讓商船業感到頭痛不已。雖然在一八五五年開通了橫貫巴拿馬「地峽」的鐵路，但只能運行小型的蒸汽火車頭，且鐵軌只有單線，並不適合運送大量的貨物。再說，大型的重型貨物本來也不適合用鐵路運輸，因此仍舊面臨各式各樣的侷限。這條鐵路的建設也有美國資金投入；美國從十九世紀中葉開始，就對巴拿馬「地峽」的管控寄予相當程度的關切。

於是，為了徹底解決大西洋與太平洋之間海上交通的難題，巴拿馬運河遂應運而生。隨著巴拿馬運河落成，海軍在戰略上可以將大西洋與太平洋連成一體加以考量，讓海洋權力的構思有了相當好的基礎。在此同時，海上貿易也因為大西洋與太平洋的一體化，而得以重新整飭航線；繼蘇伊士運河之後，巴拿馬運河的完成，為世界帶來了嶄新的貿易路徑。

在以下的內容中，我會透過回顧巴拿馬運河的建設歷程來呈現出美國朝海上力量邁進、將一切賭在運河建設上的無與倫比決心與毅力。

和蘇伊士運河一樣，巴拿馬運河的建設也是由在第一章登場的法國前外交官雷賽布起頭，並在法國政府的支援下展開工程，但結果卻不得不中途放棄。在這之後登場、實現雷賽布未竟之夢的人是老羅斯福。他在就任總統之後不久，便發揮強悍的領導力，一口氣將整個建設計畫往前推進。

企圖移植蘇伊士運河成功經驗，卻告失敗的雷賽布

巴拿馬運河的建設，可分成兩種形式：一種是讓太平洋和大西洋以海平面直接水平連結的法式方法，另一種則是在岩山上做出階梯般的落差，讓船上下前進的美式方法。前者是法國前外交官雷賽布在建設蘇伊士運河時曾採用的方式；他將埃及沙漠水平開鑿，連結起地中海與紅海，當兩者相連的時候，因為海平面水位差距不大，所以並不會發生紅海的海水大量灌入地中海的狀況。

用這種方式完成蘇伊士運河的雷賽布，在回到法國之後並沒有就此隱居，直到晚年仍在為實現人類的新夢想而持續挑戰，那就是必須開鑿岩山，態勢嚴酷的巴拿馬運河建設。在蘇伊士運河落成後近十年的一八八一年，雷賽布在巴黎設立萬國巴拿馬國際運河公司（Compagnie Universelle du Canal Interocéanique de Panama），不只吸引了不少政治家，還從大批國民手中成功募集到了建設資金。不只如此，這些投資者從中產階級到低所得的小額投

資者，範圍相當廣泛，可以說運河被法國平民當成了中獎買樂透般一獲千金的對象。這或許就是蘇伊士運河的成功經驗，滲透到國民之間的結果吧！

雷賽布在一八八一年著手建設巴拿馬運河時，毫不猶豫地選擇了和建設蘇伊士運河同樣的方式，也就是將水平開鑿分隔地中海和紅海沙漠的工法移植到大西洋和太平洋這邊。

可是巴拿馬地峽環繞著險峻的岩山與熱帶植物，還有瘧疾、黃熱病等以蚊蟲為媒介的熱帶病猖獗蔓延，結果在雷賽布親臨指揮的工程現場，有兩萬兩千多名作業員因此喪命，堪稱慘烈至極。這是建設蘇伊士運河時從未有過的經驗，也是必須面臨的重大考驗。

在工程遲遲未有進展的情況下，為建設巴拿馬運河而成立的巴拿馬運河公司於一八八九年破產，經營者雷賽布和兒子也遭到出資者控訴，不得不黯然歸國。之後，雷賽布父子提供法國政治家大量賄賂，好讓建設計畫持續進行的真相大白於世，他們的信用也跟著徹底破產。

巴拿馬地峽當時是哥倫比亞共和國的一部分，因此雷賽布是從哥倫比亞政府那裡取得開鑿權。但隨著他的失敗，這個權利也變得懸而未決；而看準了這個空檔乘虛而入的，就是美國的老羅斯福總統。

美國的野心——巴拿馬「地峽」的領地化

如前所述，羅斯福是於一九〇一年九月，在出乎意料的情況下登上總統寶座。不過他一上任，就強力推動一直以來蘊藏心中的外交、安全政策；這些政策的其中之一，就是建設巴拿馬運河，同時透過對加勒比海的「巨棒外交」，將這一帶的土地併入美國。

巴拿馬運河是全長約八十公里的閘門式運河，在美國政府投入大規模經費之後，於一九一四年八月十五日完成（正式開通）；至於實驗性通航，則是從更早的一九一三年開始。

巴拿馬運河的建設路徑構想，可分成從哥倫比亞開鑿，以及經過尼加拉瓜兩條路線。最初美國想要的是尼加拉瓜路線；當法國擱置哥倫比亞路線後，美國國會也在一九〇二年一月，決定經由尼加拉瓜建設運河。之所以如此，是因為美國和哥倫比亞政府進行建設交涉時，哥國政府要求提供法外的契約金，結果使得美國放棄這條路線，改走尼加拉瓜線。

但最後，羅斯福總統成功說服了國會，決定變更路線，改走法國選擇的哥倫比亞線，而這和他的政治野心有關。他的盤算是，支持哥倫比亞共和國內的反政府勢力，利用武裝叛亂讓他們從哥倫比亞分離獨立，然後再透過美軍的進駐，將巴拿馬地峽一帶化為直轄地，也就是併吞巴拿馬。

當反政府勢力開始展開分離運動之際，羅斯福也展開砲艦外交，在哥倫比亞外海部署了十艘美國海軍艦艇；海軍陸戰隊也同時動員，監視哥倫比亞政府軍，不讓他們往巴拿馬進軍。就這樣，巴拿馬於一九〇三年十一月從哥倫比亞獨立，而美國則以防衛巴拿馬「地峽」為名義，在當地駐紮美軍，將之併為實質的直轄地。美國巧妙利用反政府勢力進行分離獨立的手法其實並不是第一次，之前在合併夏威夷時就有使用過。

美國政府和巴拿馬共和國政府在十一月時，於華府締結了《美巴條約》（Hay–Bunau-Varilla Treaty），決定將巴拿馬運河地帶劃為美國的海外領地，由美國控制。這項條約的重點有以下幾點：第一，美國保障巴拿馬的獨立，巴拿馬成為美國的保護國；第二，巴拿馬運河為美國的永久租借地，美國具有獨佔管理營運的權利；第三，美國為了防衛運河地帶，得配置軍隊和警察；簡言之，就是美國對運河區可以行使主權。美國同時和巴拿馬政府達成協議，締約時先支付一千萬美元，接下來每年支付二十五萬美元契約金給巴拿馬。

首先，是整飭經濟基礎建設

美國開始著手開鑿巴拿馬地峽是在一九〇四年，歷經十年歲月後，終於在一九一四年完全開通運河。法國在一八八九年撤退後，當初使用的建設材料和設施都還留在當地；美國政府和法國取得協議，將這些物資和設施全都移交給美方管理，然後便毅然投入興建工程。

美國政府雖然在首都華府設置了地峽運河委員會（Isthmian Canal Commission），但委員會的成員都是些門外漢，堪稱有名無實，因此總工程師在羅斯福總統親自拍板定案下走馬換將，將能力卓越的約翰・史蒂文斯（John Frank Stevens）派往當地[1]。不只如此，為了對付黃熱病與瘧疾，羅斯福還派了熱帶病專家過去。在羅斯福強而有力的領導下，運河建設終於逐漸步上軌道。

在這當中，派遣史蒂文斯的意義尤其重大。史蒂文斯曾經完成貫穿落磯山脈的鐵路，功績卓著。羅斯福正是借重他的技術，才拔擢他為巴拿馬運河的總工程師。鑑於先前的經驗，史蒂文斯認為必須集結挖土船和起重船等重機械，同時還必須整飭鐵路輸送網方能進行工程，於是又從美國本土運了大量的蒸汽火車頭前來。同時他也認為，若是不建設好後方支援用的據點都市，就沒辦法順利進行開鑿工程，遇到施工困難之處更會寸步難行；於是在正式展開挖掘工作前，他又花了將近一年半的時間，對後方支援都市科隆港（Colón）進行改造，等到大規模的基礎設施整飭完成之後，才一口氣投入大量的作業員。

史蒂文斯接下來又為了確保作業員能夠長期且安定工作，推出了一波又一波的措施。最後，他一共興建了能夠提供六萬名作業員安居的住所（高級幹部有個人房間，甚至也有準備家人居住的地方）、餐廳、旅館、醫院（手術室也相當完備），又針對驅逐黃熱病與瘧疾，進行了徹底的作業（比如在容易孳生蚊子的積水處灑上油），還引進大量火車頭，建立起鐵路網。同時他也致力於提供作業員娛樂，會定期邀請藝人等娛樂表演者前來，讓他們開心一下。

為了讓艱難的工程得以順利進行，他從美國本土運來了大量最新式的蒸汽挖土船、蒸汽挖掘機、蒸汽起重機等，讓作業效率有了飛躍性的提升。同時為了粉碎岩山，他也使用了大

1　譯註：原本的總工程師華萊士（John Findley Wallace）因為受到委員會掣肘、必須使用法國舊設備、以及熱帶傳染病等困擾，於是突然辭職，由史蒂文斯接任。

量的「代那邁」（Dynamite，希臘文「力量」的意思）炸藥[2]。

在經濟基礎建設的整飭下，面向加勒比海的港口城鎮科隆，立刻呈現出一派生機盎然的景象。由於當地完全無法調集到任何食品，因此建立起從紐約和芝加哥調集大量食品，再用專屬貨船運送到科隆的體系；從這點也可以看出，美國對巴拿馬運河的建設熱情之高有多麼超乎想像。從美國本土和中南美徵募來的作業員，留下穩定工作的比例相當之高，而因為開出來的條件甚好，所以也有很多應徵者蜂擁而至。在雷賽布時代，這條地峽曾是留下兩萬兩千人病死、宛若噩夢般記憶的地方，但從羅斯福準備周到的計畫，可以看出美國不再重蹈覆轍的強烈決心。

當時美國雖然已經做好了萬全的準備，但每年還是有好幾千人感染瘧疾，有時甚至高達一萬人。因為事故和熱帶病殞命的作業員，在十年間共有五千六百零九人（當中有三百五十名美國白人），堪稱是透過重大犧牲成就的偉大事業。

巴拿馬運河正式開通後，最早利用運河的是美國的客貨兩用船「安孔」號（*SS Ancon*，擁有者為美國政府的巴拿馬鐵路公司），通航所需時間為九小時四十五分。第一艘通過巴拿馬運河的日本籍船隻，則是同年通航、屬於日本郵船的「德島丸」。

想想一直以來經過合恩角與麥哲倫海峽約需一個月的航海時間，這種航海日數的縮短，簡直就像做夢一樣。

巴拿馬運河開通之後不久，通行量便因為受到第一次世界大戰影響而減少。戰爭期間，平均每一天只有四到五艘船隻通航，一年的數量不滿兩千艘。大戰結束後，通行量也開始增加，到了一九二〇年代已經達到每年五千艘，和蘇伊士運河的通行量並駕齊驅。

美國為了將連結大西洋—加勒比海與太平洋的運河航道置於管理之下，派了軍隊進駐當地，實際上等於成功併吞了巴拿馬。就

2 譯註：由諾貝爾發明，使用矽藻土混合硝化甘油製成。

世界第一艘通過巴拿馬運河的安孔號。

像英國從地緣政治學的角度看海洋、並控制蘇伊士運河一樣，美國也從地緣政治學的角度來看巴拿馬運河，投入偌大的資金、最新的技術與大量勞動力來完成它。這是一項留給世界深刻印象，認為「二十世紀的海洋是由美國來開拓」的重大事業。

美國海軍的強化

老羅斯福總統所要面對的第二個課題，就是美國海軍的強化。早在擔任海軍部副部長、一手包辦海軍事務的時候起，羅斯福就抱持堅定的信念，認為美國一定要盡全力掌握海上力量。因此當他就任總統後，便接連打出強化海軍的政策。

羅斯福就任總統後不久，便開始實施增強海軍戰艦的計畫。在他任內，大西洋艦隊的規模擴大為十六艘戰艦；不只如此，為了展示海上力量，他還特地選出十六艘戰艦，進行環繞世界一周的航行。一般都認為軍艦的顏色應該是深灰色，但這十六艘戰艦全都改漆成白色，因此又被稱為「大白艦隊」。之所以漆白色，是因為白色代表著「和平」的意味。

羅斯福是位全面打出「巨棒外交」和「砲艦外交」的總統，而「大白艦隊」正是其最具象徵意義的存在。在這十六艘戰艦上，搭載了大約一萬三千名的海軍與陸戰隊士兵，他們採西行路線，花費一年兩個月的時間，成功航繞世界一周。大白艦隊於一九〇七年十二月，從大西洋艦隊的母港諾福克出航，在一九〇九年二月回到母港；這場盛大的航海，可以說是一場考驗美國海軍遠洋航海能力的試驗性航行。

這項以「和平與親善」為目的，讓練習艦隊環繞世界一周的計畫，是由羅斯福與極少數心腹所共同策定；直到艦隊離開母港三個月後，才首度公布航繞世界一周的計畫。然而，跟「和平與親善」正好相反，當時的日美關係正處於極度緊張之中，甚至不時有傳聞說日美即將開戰，兩國之間的關係可說陷入了最低點。

圍繞地球一圈宣揚美國力量，艦身都漆成白色的大白艦隊。

回顧當時的狀況，可以發現以下幾個趨勢：（一）、日本在日俄戰爭獲勝、俄羅斯太平洋艦隊毀滅後，成為太平洋地區的霸者；（二）、羅斯福總統雖然因為促使日俄講和而獲得諾貝爾和平獎，但戰後卻搖身一變，變成一名對日警戒論者；（三）、英國將主力艦往北海移動，以應付假想敵德國的挑釁，導致遠東太平洋地區只剩下日本海軍的存在；（四）、美國境內愛國主義崛起，在西岸的加州更爆發了排日運動，反日情緒洶湧沸騰。

就在這種日美關係與「和平親善」顯然相差甚遠的緊迫狀況下，美國認為有必要對日本實施軍事上的牽制，於是命令大西洋艦隊來到太平洋，以展示美國在有事之際，動員海軍的決心，這才是實情。美國發表以親善為目的，讓練習艦隊航海世界一周的計畫，是在一九〇八年三月；當時艦隊預定要造訪的停泊港口並不包含日本。日本政府看穿了美國隱含的反日意圖，於是做出高度外交性的判斷，反過來強烈邀請美國艦隊訪問日本，並在艦隊靠泊橫濱時，舉行空前的歡迎儀式，強烈表現出日本對美國的友好親善之意。

日本政府展現了非同小可的外交智慧；在這場歡迎儀式後，日美關係急遽好轉，同年十一月兩國簽訂了《高平－羅脫協定》（Root-Takahira Agreement，正式名稱為《關於太平洋方面的日美交換公文》），為日美關係的安定奠立了基礎。

海軍的擴軍競賽

從二十世紀揭開序幕到第一次世界大戰這段期間，各國海軍不斷上演著激烈的擴軍競爭。在歐洲大陸，英國、德國、法國、奧匈帝國、俄羅斯爭相競逐，再加上美國和日本，一共有七個國家在進行擴軍競賽。

特別是英德的海軍競爭，激烈程度與日俱增；英國海軍為了對抗德國，在一九〇六年完成了革命性的新型戰艦「無畏」號；這艘戰艦的出現，讓全世界都為之一驚。無畏號裝配有十門十二英寸（約三十公分）的迴轉式主砲，並廢止了小口徑的副砲；它的標準排水量為一萬七千九百噸，搭載蒸汽渦輪

改變世界海軍潮流的英國海軍無畏號戰艦。

主機，最大速度可以達到二十一節，能以高速航行。

一直以來，大型戰艦既要搭載大口徑的大砲（巨砲），同時又要加厚鋼板，以強化防彈性能，因此速度會降低自是常理。但英國這艘無畏號，卻顛覆了大艦巨砲主義的戰艦常識。由於這艘戰艦的第一個字母「D」，在日文常被轉寫為漢字「弩」，所以日本都以「弩級」戰艦來稱呼它；至於性能更勝這艘戰艦的，則被稱為「超弩級」。

老羅斯福總統雖然編組了由十六艘戰艦組成的「大白艦隊」進行環球航海，但其中卻連一艘無畏艦都沒有；說得嚴酷一點，它們就只是在短期間內，大量建造出來的舊式落伍戰艦罷了。隨著無畏艦的登場，世界各主要海軍大國也紛紛開始建造無畏艦，在無畏艦方面的擴軍競爭變得更加劇烈。在這方面，美國充分發揮其強大的經濟力與工業力，急速推進軍隊的現代化。到了一九一〇年，他們已經追上德國，成為僅次於英國的世界第二位海軍強國。

在那個時代，保有戰艦的數量就等於是海軍力量規模的展現。在一九〇〇年的時候，第一位是英國（三十七艘）；第二位是俄國（十二艘）；第三位是法國（十艘）；第四位是美國（七艘）；第五位是德國、日本（六艘）；第七位是義大利（三艘），至於奧匈帝國則連一艘也沒有。由此可見，英國的海軍實力堪稱是壓倒性的強大（James C. Bradford, 2016）。

如前所述，英國在一八八九年制定了「兩國標準主義」的海軍戰略，規定英國海軍必須經常保有超過第二、第三位國家加總的海軍力量。這是一項確保英國海軍力量能具備壓倒性優勢的原則。可是相當諷刺的是，英國自己開發出無畏艦後，他們保有的大部分戰艦一下子都變成落伍的舊艦，也就是以無畏艦為基準的情況下，反而讓兩國標準主義土崩瓦解。

回顧第一次世界大戰爆發（一九一四年）時的海軍力量，第一位是英國（七十艘，無畏艦二十四艘）；第二位德國（四十艘，無畏艦十七艘）；第三位美國（三十三艘，無畏艦十艘）；第四位法國（二十二艘，無畏艦四艘）；第五位日本（十八艘，無畏艦四艘）；第六位奧匈（十二艘，無畏艦三艘）；以下則有義大利（十一艘，無畏艦三艘）、俄羅斯（十二艘，無畏艦兩艘）。作為英國「兩國標準主義」設定對手的德國和美國，雙方保有的無畏艦合計二十七艘，已經超過英國二十四艘，英國奉為金科玉律的兩國標準主義，一瞬間就徹底崩解（James C. Bradford, 2016）。

之後在第一次世界大戰中，英國海軍受到沉重打擊，德國海軍也遭到毀滅性的損害。唯有置身世界大戰戰場之外的美國保留了海軍實力，迎向超越英國、擁有世界第一海軍力量的新時代。

參與第一次世界大戰的美國

以下的部分將討論在第一次世界大戰（一九一四至一九一八年）中，美國從採取中立政策，到不得不參戰之間的來龍去脈，並特別聚焦於他們在終戰處理構想中，對海洋問題抱持怎樣的態度。

當歐陸於一九一四年八月爆發第一次世界大戰後不久，美國便立刻宣布保持中立。大多數美國國民都渴望中立，對參與戰爭表示反對。自從門羅宣言以來，美國便堅守不參與歐洲事務的孤立主義。第一次世界大戰爆發的導火線，雖是奧匈帝國皇儲在波士尼亞的薩拉耶佛遭到暗殺一事（一九一四年六月），但在其底下的暗流，則是英德兩國的海軍競爭，也就是海洋霸權的爭奪。

掌握制海權的英國，對德國進行海上封鎖。在戰艦等水面艦艇居劣勢的德國，因為無法正面和英國一對一單挑，所以只好動腦筋，建造大量的潛艦（U艇）來與之對抗。「U艇」在德語裡是「潛艦」的略稱，不過在英語圈裡，就意味著德國海軍的潛艦。

意在海上霸權的德國於一九一五年二月發表「無限制潛艦作戰」宣言，命令德國潛艦對出入英國港口的所有船艦（軍艦和民間商船）進行攻擊。這是為了阻止島國英國運入糧食和物資，以斷糧方式讓英國衰弱、剝奪他們戰鬥能力的作戰，但英國仍然頑強地挺了下來。當時的勞合喬治首相（David Lloyd George，一九一六年至一九二二年在任）引進護送船團方式，將海軍編成隊伍護衛民間商船，使得商船的損失急遽減少。

德國在大戰期間，出動了超過三百艘以上的潛艦去擊沉英國海軍的護衛船艦，以及超過五千艘以上的民間商船。德國一開始原本會先發出警告，然後才用魚雷擊沉商船，可是到了大戰後期，基本上都是在無預警的情況下發動攻擊。美國原本標榜中立政策，明示不參與歐陸戰爭的態度，但當德國在一九一七年一月展開無預警的無限制潛艦作戰後，他們的反應就是放棄中立政策，並於同年四月參戰。從此以後，美國便拋棄了門羅主義保證的傳統孤立政策，一步步邁向「世界警察」之路。

參戰的背景

美國在一九一七年四月對德參戰的背景，主要是兩起重大事件：其一是英國豪華客輪

「露西塔尼亞」號（RMS *Lusitania*）遭到德國潛艦攻擊，導致多名美國乘客死亡。其二則是第一章曾提及，德國致墨西哥政府的極機密電報（齊默曼電報）被破解，從而得知德國煽動墨西哥從背後狙擊美國的企圖。

關於第一點，英國的豪華客輪「露西塔尼亞」號（隸屬於冠達郵輪旗下，排水量三萬兩千五百噸，是世界最大且航速最快的商用船隻，乘客一千兩百五十七人，乘員七百零二人）在一九一五年五月，於美國紐約到英國利物浦的航程中，在愛爾蘭海域遭到德國潛艦的魚雷攻擊，造成一千一百九十八名海員和乘客犧牲，其中有一百二十八人是美國人。

得知這起悲劇事件後，威爾遜總統（Woodrow Wilson，一九一三年至一九二一年在任）向德國提出強烈抗議，美國國內的輿論也一下子大幅傾向對德強硬論。在以美國為首的世界輿論對德國非難日益強烈的情況下，德國不得不暫時中止無限制潛艦作戰。

但是德國之後又被迫重啟這項作戰；之所以如此，是因為英德之間爆發了唯一一場以主力艦為核心的艦隊決戰——日德蘭海戰。在這場於一九一六年五月三十一日至六月一日間，於丹麥日德蘭半島海域爆發的海戰中，德國艦隊雖然沒有敗北，但卻被掌握制海權的英國海軍所壓制，結果除了戰鬥喪失的軍艦外，主力部隊全都撤回德國的軍港，陷入寸步難行的狀態。

日德蘭海戰中，英國動用了戰艦、戰鬥巡洋艦（裝載有和戰艦同等級的大口徑大砲，但船體只有巡洋艦等級的較輕裝甲）、巡洋艦等共一百五十一艘艦艇，喪失十四艘，犧牲將士六千八百人；另一方面，德國則聚集了同等級的艦艇九十九艘，其中十一艘被擊沉，喪失將士三千人。雖然傑利科司令（John Rushworth Jellicoe）指揮的英國海軍受到的損害不可否認比較大，但還是成功把德國艦隊封鎖在基爾軍港當中。

遭到英國從海上封鎖的德國，研判戰況不太可能大幅好轉，於是在一九一七年二月，重啟了最終手段——無限制潛艦作戰。受到這件事影響，美國轉變態度，決定對德參戰；威爾遜總統向國會要求公開宣戰，並在同年四月，獲得參眾兩院壓倒性的通過。

齊默曼密電事件

第二起關鍵事件，是德國的外相齊默曼於一九一七年發出一封極機密電報給墨西哥政府，遭到破譯之後發現德國有意和墨西哥簽訂密約。密約的內容提到，墨西哥從背後攻擊美國，等德國戰勝後，會將美國南部的部分土地歸還給他們。在此之後，美國的輿論更是一面倒地抨擊德國。

墨西哥在一八四六到一八四八年間，曾與美國爆發一場戰爭（美墨戰爭）結果敗北，喪失了相當於國土三分之一的北部領土（從美國加州到德州的廣大土地）。德國就以將這些失去領土歸還墨西哥為條件，邀請他們對美參戰。但結果，墨西哥並沒有對美參戰。

監聽到這通極機密電報的是英國海軍。雖然德國是透過海底電纜送出密電，但跨越大西洋的海底電纜都是英國所鋪設，因此英國有理由檢查經過海纜傳送的電報。因此，德國的密電是由英國海軍破譯、再通報給美國，並且隱瞞了英國破譯的事實，這點我們不能忘記。

正因如此，德國完全沒有看透英國的密碼解讀能力。接獲這通極機密電報後，美國政府轉而對德國採取強硬態度，最後下定決心對德參戰。美國政府於三月公開這份密電，四月就發表宣戰布告。

「十四點和平原則」的倡議

從第一次世界大戰爆發到美國參戰，已經過了大約兩年九個月的時光，因此美國照理說，應該有充分的時間思考戰爭才對。透過英國在大西洋海底鋪設的電纜，關於英國和歐洲大陸所發生、最生動的第一手戰報，時時刻刻都會傳達到美國人這邊。在首都華府和歐洲移民雲集的紐約，人們總是會針對歐洲戰事將會如何結束侃侃而談，而有關美國應該扮演怎樣角色的討論會也屢屢被召開。

自從搭乘英國豪華客輪「露西塔尼亞」號的眾多美國乘客因為德國的無限制潛艦作戰而犧牲以來，不難想像美國會更深入地探討戰爭。威爾遜總統的心腹豪斯上校（Edward M. House）就得出一個結論：為了終結戰爭，應該提出一份由美國主導的和平構想。

威爾遜總統身為民主黨員，一向以自由派立場與理想主義外交著稱；從他曾任普林斯頓大學教授與校長的經歷，也可以理解他是屬於比較偏向知識分子氣質的類型。而作為這位學者出身總統的智囊，不任公職，而是隱藏在背後、片刻不離總統的心腹，就是豪斯上校。

雖然大家都稱呼他「上校」，但豪斯其實並非軍人，而是實業家出身；由於他曾擔任歷屆德州州長的顧問，就軍事問題提出建言，所以才得到了「上校」（Colonel）這個暱稱。由這兩位人物聯手提出的世界大戰和平主張，就是「十四點和平原則」（Fourteen Points）；這是理想主義者總統與實務家出身的心腹共同醞釀的結果。

就在美國參戰經過大約九個月，與德國的戰事仍在進行中的時候，威爾遜總統於一九一八年一月八日，向國會提出以「十四點原則」而廣為人知的終戰處理和平主張。以下參照英語原文，列舉出與本書相關的五項要點：

一、公開和平條約，以公開的方式締結，嗣後國際間不得有任何類型的祕密默契，外交必須始終在眾目睽睽之下坦誠進行。

二、各國領海以外的海洋（公海）上應有絕對的航行自由。

三、對於當前鄂圖曼帝國的土耳其本土，應保證其有穩固的主權，但對現在土耳其人統治下的其他民族，則應保證他們有確實安全的生活，和絕對不受干擾的發展自治的機會；同時，達達尼爾海峽應在國際保證之下永遠開放，成為世界各國船隻和商務的自由通路。

四、應建立一個獨立的波蘭國，它的領域包括所有無可置疑的波蘭人所居住的領土，並應保證她獲得自由安全的出海（波羅的海）通道。

五、必需根據專門公約成立一個普遍性的國際聯合組織，其目的在於使大小各國同樣獲得政治獨立和領土完整的相互保證。

這份原則一點一點列舉出在歐陸遭到德軍侵略、國土化為戰場的國家；因此我們可以清楚顯示，與其說它是針對「第一次世界大戰」而來，不如說是將主要著眼點放在歐洲的對應上。在這當中，我們也可以清楚解讀美國對於歐洲政治和戰爭的嫌惡感。另一方面，這時在俄羅斯，革命家列寧正在如火如荼進行革命，因此美國對俄羅斯的將來走向也充滿了不安。

另一方面，這份原則雖然沒有提及戰勝國英國和日本的角色，但從內容也可以看出，它是對英國傳統外交手法的直接否定。畢竟在原則中，對英國拿手的祕密交涉與簽訂密約做出了批判，並要求禁止這種作為。

應當和歐洲盤根錯節的權謀告別、捨棄複雜詭譎的外交、建立公正公開的國際社會——美國透過「十四點和平原則」，向英國與歐洲各國提出這樣的質問。這是一份讓人深深感受到美國身為新興大國氣息的文件，而美國以大國之姿，企圖建立新型態國際社會的理想論，也在當中表露無遺。

在最後第十四點中登場的「國際聯合組織」，後來以「國際聯盟」的姿態實現了。

提倡「航行自由」的海洋規則

威爾遜總統在「十四點和平原則」中，針對海洋提出了三個重要原則；從這些原則中，也可以清楚察覺到美國對海洋問題的深切關心。這三項原則分別是：否定密約，追尋公開外交，以及標榜公海「航行的自由」。

在原則中提到「絕對的航行自由」，這個「絕對的」（absolute）一詞，也是相當值得注目的重點。儘管國際社會並沒有一個「絕對的」標準，但十四點原則把「絕對的」放在「航行的自由」前面作為大前提，可說是一種強調理想主義的表述。而「航行自由」在這份和平主張的優先順位中被置為第二項，也可見其意義重大。

一般都認為，身為大國的美國，是在建設了世界最大規模的海軍，並且完成連結大西洋－加勒比海與太平洋的巴拿馬運河後，出於企圖掌控海洋的立場，所以才強烈要求能在世界海洋自由活動的「航行自由」，但事情並非如此單純。若從當時的國際狀況來加以考量，這可說是個反映嚴峻的戰況、堪稱劃時代的倡議。簡單說，這是對英國和德國採用的海軍政策正面提出挑戰，也是對他們海軍政策的全面否定。

如前所述，英國為了在對德戰爭中佔上風，於是對德國採取海上封鎖，而德國為了與之對抗，則引進無限制潛艦作戰，對出入英國港口的船艦（軍艦和商船）進行攻擊。對於這兩國的海軍政策加以否定的，就是威爾遜總統。

除了「航行自由」外，他在第十二點也提倡「達達尼爾海峽應在國際保證之下永遠開放，成為世界各國船隻和商務的自由通路」。不只如此，他更在第十三點提議「應建立一個獨立的波蘭國，它的領域包括所有無可置疑的波蘭人所居住的領土，並應保證她獲得自由安全的出海（波羅的海）通道」。說得極端一點，威爾遜總統的主張就是：歐洲的海洋必須全面開放，並保障自由的通航。

在美國和英國等大國高唱「航行自由」下，這個原則遂逐漸在國際規則中定調。冷靜想想，美國不過是因為掌控了加勒比海，並且將巴拿馬運河和加勒比海置於管理下才會堅定支持「航行自由」。但這個本國中心主義的大國所提出的世界秩序構想，卻受到多數國家所認可，因此形成了海洋的新秩序。

美國主導下的海軍縮減——英美的海軍霸權

德國在「十四點和平原則」下宣告投降後，協約國成員在一九一九年六月，於巴黎郊外的凡爾賽宮鏡廳，和德國締結了《凡爾賽條約》。和約內容的第一篇就明訂了國際聯盟的設立，而這份和約所創造的歐洲和平，也被稱為「凡爾賽體制」。

威爾遜總統因為致力設立國際聯盟的功績，在一九一九年獲得諾貝爾和平獎。可是很諷刺的是，美國參議院卻認為凡爾賽條約會威脅到美國的主權，於是不予批准。另一方面，由於凡爾賽體制對戰敗國德國施予太過嚴酷的求償，結果導致希特勒的崛起，從而使這個體制在一九三〇年代瓦解。

就像這樣，威爾遜總統的和平構想其實並非一帆風順，但就海洋方面來看，在下一任總統哈定（Warren G. Harding，一九二一年至一九二三年在任）期間，為了實現美國主導的海洋和平而召開了華盛頓海軍會議，也讓美國在海洋秩序的形成上留下了很大的實績（後述）。從這裡也可以看出，過去英國主導的海洋秩序，正確實朝著美國主導的時代往前邁進。

隨著第一次世界大戰的終結，美國開始意識到自己身為大國的地位，從而加速了他們掌握世界海洋霸權的動作。美國具體描繪出的景象，是在全球海洋上和英國共享霸權。儘管因為世界大戰導致經濟疲軟，但英國怎麼看都還是世界上最大的海軍國家，讓人不得不甘拜下風，而美國也不可能一步登天，立刻就取代英國的地位。因此美國選擇了和英國合作，首先確立起共同的海洋霸權這條路。

為這條路鋪上華麗紅毯的，是一九二一年十一月到第二年二月間，由美國召開的華盛頓會議。這場會議以世界上第一場裁軍會議而留名青史；包含美國在內的九國全

1921 年 11 月至 1922 年 2 月在華府舉行的海軍裁軍會議，最後形成了營造和平氛圍的限制造艦條約。

權代表齊聚一堂，在寒冬徹骨的華府進行日復一日的討論。這九個國家分別是：美國、英國、日本、法國、義大利、荷蘭、葡萄牙、比利時以及中國。在最重要的海軍裁軍會議上，則是由主角美國、英國、日本三國緊密協商，再加上配角法國和義大利，實現了五國海軍的裁軍。

美國描繪的裁軍構想，是透過擁有戰艦和戰鬥巡洋艦的主要國家縮小海軍，來創造出世界和平。同時透過軍事預算的大幅削減，讓包含美國在內的各國經濟體制，能夠順利從軍事經濟轉換為和平經濟。另一方面，裁軍的對象也包括了新興的艦種——航空母艦。

美國掛念的主要國家，其實只有具備挑戰自己海軍實力的英國和日本兩國。而這時候，日本則是他們眼中唯一的假想敵。再說，為了在亞洲地區讓中國的政情穩定下來，以便美國能夠在經濟方面自由發揮，要求日本放棄對華二十一條要求（一九一五年）也是很重要的。也因此，美國再次明確強調了前國務卿海約翰（John Hay）的「門戶開放」宣言（一八九九年、一九〇〇年），要求中國大陸開放。總而言之，美國為了阻止日本的大國化，可謂煞費苦心。即使在世界大戰落幕，歐洲號稱「永久和平」的此刻，美日依舊在太平洋上持續強化海軍力量，因此兩國的關係極度緊張。

在美國這樣的戰略意圖前，日本一方面針對裁軍提出修正案，同時也質疑美國在太平洋各島嶼（關島和菲律賓）強化要塞的事實，反過來要求太平洋的軍備應維持現狀，從而牽制美國。在太平洋軍備問題上，主要交涉的是美、日、英、法四國。

結果，華盛頓會議締結了以裁撤海軍為目的的五國條約（美英法義日）、保全中國地位的九國公約（美、英、法、義、日、荷、比、中），以及決定維持太平洋領土暨權益現狀的四國條約（美英法日）。這樣建構起來的世界秩序，被稱為「華盛頓體系」。

第一次世界大戰後的世界被稱為「凡爾賽體系」，主要是針對德國，就歐洲的和平進行規劃；相較於此，「華盛頓體系」則是以日本為對象，以亞洲和太平洋的和平為主要著眼點構思，兩者之間有著很大的差異。

海軍縮編的比例

哈定總統之所以能當選，是因為他對因世界大戰而疲弱的美國國民，打出了「回歸正常」的口號；因此對他而言，大幅削減軍事預算，並讓國內經濟恢復乃是當務之急。

在主力艦（戰艦和戰鬥巡洋艦）的保有數量就等同於軍事力展現的時代，如何在削減主力艦保有數的同時，又能保持美國對海洋的主導權就成了課題。這時候，背負偌大財政負擔，因世界大戰傷痕累累的英國舉雙手贊成裁軍，於是美國掌握海洋霸權的絕佳機會終於到來。

華盛頓會議的第一次全體大會於十一月十二日召開，美國國務卿休斯（Charles Evans Hughes）在約兩千位出席者（與會者、隨員、新聞記者等）面前，單方面宣布美國將徹底毀棄目前建造中的「戰艦」，同時也要求英國和日本廢棄建造中的戰艦。同時他還提出一個劃時代的提案，要求今後十年間完全停止戰艦的建造。

美國提案的戰艦保有比例，是美國十、英國十、日本六，即一般所熟知的「五：五：三」。對日本而言，這個比例不用說自是處於劣勢。

在接下這個提案後的第三天（十一月十五日），召開了第二次全體大會。英國首席全權代表貝爾福（Arthur Balfour，前首相、海相、外相）發言表示贊成美國的裁軍提案，引領了整個會議的走向。日本原本認為英國作為世界最大的海軍國，應該會激烈反對美國的提案，沒想到卻如此乾脆地贊成，這完全出乎他們的意料之外，讓他們大感困惑。後來才知道，原來在會議前夕，英美已經進行過祕密交涉。嘴上說著反對祕密外交、提倡公開外交的美國，卻和英國私下交涉，設下了陷阱。

面對這股英美帶頭提議裁軍的滾滾洪流，大家原本預想日本應該會激烈反彈；然而又出乎眾人意料，日本的首席全權代表——海軍大臣加藤友三郎（一九一五年至一九二二年在任），發言表示接受美國的裁軍提議，引來一片拍手叫好。當時日本正值原敬首相（一九一八年至一九二一年在任）時期，原敬主張國際協調路線，為了脫離戰後的不景氣，他認為軍費的削減是當務之急，所以為了抑制海軍內部的強硬派，他任命身為現役軍人、同時也是海軍大臣的加藤友三郎為首席全權代表，並把裁軍會議上的利害斟酌全託付給他。加藤在參加華盛頓海軍會議之際並沒有穿著海軍軍服，而是穿著西裝與會，這讓英美歐的參加者，全都感到相當新鮮

參與華盛頓海軍會議，左起小查爾斯·登比上校、日本海軍大臣加藤友三郎、德川家達、美國國務卿休斯。

與驚奇。「國防不是軍人的專屬品」，留下這句名言的加藤相當善於拿捏平衡感。

加藤原本是日本海軍「八八艦隊（戰艦八艘、戰鬥巡洋艦八艘）」方案的強力推動者，因此被英美視為擴軍論者，但他從大局著眼接受裁軍，在會場造成巨大震撼，外國人也因此稱讚他為「海軍政治家」（Admiral Statesman）。

結果，主要各國在第二年（一九二二年）的二月六日，締結了海軍軍備限制條約。這項條約針對各國保有的戰艦，以及追加的新艦種「航空母艦」，按總噸數（基礎排水量）做出了限制。條約內文沒有明記比例，而是記載著總噸數；按總噸數的比例換算，分別是美（十）、英（十）、日（六）、法（三點五）、義（三點五）。這項規定不含巡洋艦，另外也決定停止建造戰艦十年，於是這段期間又被稱為「海軍假期」（Navel Holiday）或是「造艦假期」。

加藤對美國提出了交換條件：日本願意接受對美「比例六成」的規定，但代價是要讓日本正在建造中、接近完成的新銳戰艦「陸奧」號能夠從毀棄對象中排除，美國首席全權代表休斯也接受了這個條件。畢竟話說回來，美國也搶在華盛頓會議開始之前，將建造中的戰艦「馬里蘭」號先一步完成，好達到保有戰艦增加一艘的有利既成事實。從日本的角度來看，美國這樣做也是不公平的做法。日本蒐集了關於美國造艦的情報，對美國的既成事實化提出反駁；這件事告訴我們，情報蒐集是和國家利益密切相連的重要任務。

另一方面，針對四國條約，加藤也反過來提案，要求美國停止將他們在太平洋領有的各島嶼（菲律賓、關島等）要塞化，並讓太平洋的軍備維持現狀，對此美國也予以接受。英美對接受加藤的反提案其實都有默契，畢竟對美國來說，讓裁軍提案維持原比例是最重要的事。因此，要說加藤擔任首席全權代表是華盛頓海軍軍備限制條約得以成立的關鍵因素，其實一點都不為過。

鉅細靡遺的條約

當我第一次閱讀華盛頓海軍軍備限制條約（Washington Naval Treaty）的英語原文，不禁為它的具體性與詳盡程度感到驚訝不已。因為美方代表休斯國務卿是位曾任紐約州長、最高法院法官等要職的人物，所以條約不只明記了裁軍主要國家所能保有的戰艦總噸數（基礎排水量），就連所保有的戰艦名稱，也都以一覽表清楚列出。在這當中並沒有明記「一〇：一〇：六」或「五：五：三」的比例，只記載了總噸數；而一覽表上沒有記錄的戰艦，全都是毀棄的對象，完全沒有任何曖昧空間可言。

由美國主導、編纂而成的這項海軍軍備限制條約，內容不用說當然是對美國有利。由於和軍艦保有數居世界第一的英國早有默契，因此美國和英國採取同一步調，企圖抑制日本的軍備增強，而這目的也獲得了實現。

一九二〇到三〇年代這段期間，可以稱為「國際協調的時代」，而這個時代的具體呈現，就是華盛頓海軍軍備限制條約；至於在這個「國際協調時代」裡扮演主角，以大國之姿確立其海洋霸權的，則是美國。

這樣誕生下來的「國際協調時代」到一九三六年為止，所造成的結果是什麼呢？為了規範華盛頓海軍會議針對之外的非主力艦（比戰艦小的巡洋艦和驅逐艦）保有數目，一九二七年於瑞士的日內瓦再次召開海軍裁軍會議，但英美因為利害關係產生對立，從而導致了決裂。當經濟大恐慌於一九二九年發生後，也一再出現嘗試裁軍的努力。一九三〇年在英國倫敦召開了海軍裁軍會議（London Naval Conference），終於決定非主力艦的比例為英美日「一〇：一〇：七」，但不論如何，日本都難逃處於劣勢比例的命運。

從裁軍到擴軍、從戰艦到航空母艦時代

在歐洲，德國出於對凡爾賽體制的極度不滿，決定重新整飭軍備，並在一九三三年退出國際聯盟。他們在一九三九年九月進軍波蘭，從而引發了第二次世界大戰（一九三九年至一九四五年）。

在日本國內，對裁軍條約劣勢比例不滿的海軍強硬派崛起，強化軍備的聲浪也日益高漲。日本經由滿洲事變（一九三一年），退出國際聯盟（一九三三年），退出倫敦海軍裁軍條約（一九三六年一月通告），一步步走向對美開戰（一九四一年十二月）。時代從裁軍，不斷往擴軍的時代轉移。

日本在退出倫敦海軍裁軍會議的第二年（一九三七年），開始著手建造大艦巨砲主義的象徵——巨大戰艦「大和」號。然而當日本在一九四一年決定對美開戰，並於十二月八日攻擊夏威夷的珍珠港時，扮演關鍵角色的卻是新艦種航空母艦。大型航艦「赤城」、「加賀」、「飛龍」、「蒼龍」等六艘艦上，搭載了四百多架戰鬥機與轟炸機（零式艦上戰鬥機、俯衝轟炸用的九九式艦上爆擊機、魚雷攻擊用的九七式艦上攻擊機），這些艦載機由經過充分訓

練的駕駛員操縱，對珍珠港的美國海軍基地展開奇襲，導致包含美國太平洋艦隊戰艦「亞利桑那」號（USS *Arizona*, BB-39）在內的多艘艦艇遭到擊沉或重創。

日本海軍的戰艦和巡洋艦艦砲無法射擊到珍珠港，因此航艦搭載的艦載機徹徹底底成了主角。日本海軍是世界上第一支將航空母艦正式運用在戰爭中的海軍。[3]

而在攻擊珍珠港的兩天後（十二月十日），這次爆發了以英國為對手的馬來亞海戰；日本從越南前線基地發動轟炸機，以魚雷和炸彈將英國遠東艦隊的戰艦「威爾斯親王」號（HMS *Prince of Wales*）與戰鬥巡洋艦「反擊」號（HMS *Repulse*）加以擊沉。

「威爾斯親王」是英國皇太子才能擁有的專有封號，因此這艘主力戰艦被日本飛機摧毀，當然大傷英國人的自尊，而這也是一場讓人對搭載炸彈和魚雷的飛機威力留下深刻印象的海戰（英國在之前的對德戰爭中已經失去好幾艘主力艦，因此小羅斯福總統決定全力支援英國；美國國會於一九四一年三月十一日，通過租借給盟國武器、軍需物資的《租借法案》）。

既然如此，日本海軍照理說應該會充分感受到航空母艦的用處。但在大戰期間，他們還是無法擺脫重視大型戰艦的發想，因此航艦建造的優先順位，說實在話並不前面。在當時的世界上，能運用航艦機動部隊的只有日美英三國，因此即使在這點上，日本也是令英美畏懼的存在。

航艦機動部隊的海戰

經歷過珍珠港攻擊的美國，在理解戰艦的用處之餘，也將海軍戰略往重視航空母艦的方向修正，持續強化海軍航空部隊。英國在馬來亞海戰敗北一事，也給了美國很大的教訓。新航艦的建造、新型艦載機的開發，以及更加急迫的年輕飛行員培育，能將這些全都在短時間內實現的國家，只有美國。果然到最後，能一舉定輸贏的還是經濟力、技術力、人口規模，以及合理的戰略發想。

對美國而言相當幸運，也可以說日本相當不走運的是，美國太平洋艦隊的主力航艦，

3 編註：實際上最早把航艦艦載機投入到戰場上的應該是英國皇家海軍，他們於一九四〇年十一月十二日對義大利的塔蘭托軍港發動夜襲。

在珍珠港攻擊中連一艘都沒有受到損害：「企業」號（USS *Enterprise*, CV-6）、「薩拉托加」號（USS *Saratoga*, CV-3）、「列星頓」號（USS *Lexington*, CV-2），這三艘航艦當天都在執行別的任務，所以沒有停泊在珍珠港。記取珍珠港敗北的教訓，美國以這三艘航艦為中心，編成高速的航艦特遣艦隊，等到新造的航艦陸續完成後，便開始對日本反擊。美國海軍將主力艦由戰艦轉換成航艦，在大戰期間果斷地大量生產航空母艦。

二戰期間美國擁有最多，足以傲視全球的航空母艦。美國戰後一躍成為新一代的海上強權。

美國在大戰中運用與建造的航艦數量，大約將近一百四十艘。這些航艦大致可分為三類：做為主力的艦隊航艦（可以搭載約一百架飛機，高成本）、輕型航艦（小型、高速，用巡洋艦等艦隻改造而成，低成本），以及護衛航艦（小型、低速，船團護衛用，低成本）（八木浩二，〈美國海軍航艦的誕生與發展〉〔アメリカ海軍における空母の誕生と発展〕）。另一方面，日本海軍就算大小全數加起來，也只有大約二十五艘航艦，兩者的差距可說一目了然。

發生在南太平洋新幾內亞海域的珊瑚海海戰（一九四二年五月），是世界第一場航艦機動部隊間的對戰。在這場戰役中，日本稍微佔上風，但日美雙方都受到重大損害，沒有哪一方獲得決定性勝利。然而一個月後的中途島海戰（同年六月），卻讓整個戰況產生了重大轉變。

中途島海戰也是航艦機動部隊之間的對決，但美方毫不間斷的偵察活動，讓他們及早發現了日本的機動部隊，從而用俯衝轟炸的方式，摧毀了日本的四艘主力航艦（赤城、加賀、蒼龍、飛龍）。日本方面損失了大約三百架艦載機（戰鬥機和轟炸機），遭到慘敗。不只如此，作為日本寶貴財產的許多優秀將士，也隨之犧牲。果然在這裡，迅速的情報蒐集也是勝負關鍵。在航艦機動艦隊的遙遠後方，雖然有已經進入戰鬥狀態的戰艦「大和」號，但在接獲航艦機動艦隊毀滅的消息後，也只能脫離作戰海域回到日本。

中途島海戰大敗後，日本同時喪失了太平洋的制海權與制空權，戰況一舉倒向美方優勢。在接下來的瓜達康納爾島戰役與所羅門海戰（一九四二年）中，日本的受創益發沉重。

日本喪失的商船——日本船主協會

日本喪失的優秀將士，並不只限於眾多戰艦與航空母艦的乘員。日本在太平洋上受到特別重大損害的，是他們從全國徵用的民間商船，以及搭乘這些商船的船員和乘組員。

為了解當時的狀況，我不只一次走訪位在橫濱的「日本郵船歷史博物館」和客貨船「冰川丸」（國家指定重要文化財）。作為船運鉅子的日本郵船，基於回饋社會精神設立了這間博物館；參觀這所博物館，可以學到從明治到現代的日本海運歷史。雖然這是了解近代日本觀光產業的絕佳材料，但同時也是讓人重新體會到戰爭悲慘的場所。

從日本郵船刊行的《七十年史》、《航跡——日本郵船創業一百二十周年紀念》（航跡：Standing Together, Drawing An Eternal Line）、《縱橫七海一世紀——日本郵船創業一百周年紀念船舶畫刊》（七つの海で一世紀：日本郵船創業100周年記念船舶写真集），以及該博物館的「常設展示解說書」中，都可以清楚看見近代日本的足跡。翻開解說書的第五章「戰爭與毀滅」，其中不只用圖表記載了商船在太平洋戰爭期間被徵用，置於陸軍、海軍、船舶營運會管理下的狀況，也顯示了在美軍攻擊下有大量商船喪失，還有許多更加珍貴的優秀船員犧牲。光是日本郵船本身，在它保有的兩百二十二艘船隻中，就有一百八十五艘喪失，犧牲的公司人員高達五千三百一十二人（當中從事海上勤務者為五千一百五十七人）。這種悲慘狀況，同樣也發生在大阪商船、三井船舶、川崎汽船等日本具代表性的所有船公司身上（大阪商船和三井船舶在戰後合併為大阪商船三井船舶，之後又和「未來航運」（ナビックスライン）合併，形成商船三井）。

現在，這些大型船公司共同組織了「日本船主協會」。為了回顧船公司的歷史，我翻閱了該協會刊行的《日本船主協會沿革史》和《日本船主協會五十年史》。該協會的前身是一八九二年設立的日本海運業同盟會，在近代日本追逐「坂上之雲」[4]的那個時期裡，船公

4 編註：本身意思是「順著斜坡路（日文即為「坂」）上升的雲」，意指日本在明治維新時期奮發圖強，學習追趕西方列強，國力不斷增強的情景。

司背負的就是日本的未來。

之後，日本海運業同盟會改稱為日本船主同盟會，並在一九二〇年成立了全國性的單一船主團體——日本船主協會。可是自中日戰爭爆發以後，日本政府對海運的管制益發嚴格，所以船主協會在一九四〇年被迫改組為「日本海運協會」。第二次世界大戰後，船主協會因為美國的佔領政策，一度在一九四七年被下令解散，但在第二年又以社團法人之姿復活，之後就以一般社團法人的樣貌，一路存活到現在。

以日本郵船的「鎌倉丸」（一萬

被日本政府徵收改裝成軍用運輸艦的巴西丸，中途島戰役期間被美軍拍攝到。

七千五百二十六噸）和大阪商船的「巴西丸」（一萬兩千七百五十二噸）為首，加盟日本船主協會各公司的大型商船，幾乎都在第二次世界大戰中，遭到美軍的攻擊而沉沒殆盡。當船隻化為海中殘跡的同時，船上的船員與乘組員也都遭到同樣的命運，這是我們絕對不可忘記的。

日本喪失的船員——全日本海員工會

在走訪了船公司之後，為了更加了解船員與乘組員所面對的極端嚴酷狀況，我也走訪了面向神戶海洋大道的「戰歿船隻暨海員資料館」。這座資料館設置在全日本海員工會（ＪＳＵ）關西地方分部的二樓，展示著第二次世界大戰間沉沒的商船照片，以及船員的遺物。

若是進一步前往資料陳列區的話，可以看到其中匯聚了日本郵船、大阪商船、三井船舶、川崎汽船等大型船公司在戰前持續發行的貴重社史資料，是最適合學習日本海運史的地方。全日本海員工會的前身「日本海員工會」，成立於第一次世界大戰結束後不久的一九二一年，共有二十三個團體、約兩萬人參加。這個工會之所以成立，是為了守護船員的生命財產，所以仿效歐美各國的船員工會進行組織。

我在資料館參觀的時候，正值盛夏的某一天；那天，我遇到了一群高中生和大學生組成的團體，看到他們觀看整齊陳列的展示品時那副專注的模樣，我不禁深受感動，那種感動直到現在還記憶猶新。不管是戰歿船隻暨海員資料館（神戶），還是日本郵船歷史博物館（橫濱），都具備了對青少年進行海洋教育的機能；一想到這點，我就不能不對船公司與海員工會這樣的做法深表敬意。

那麼，日本全國究竟犧牲了多少商船與船員呢？前面我簡單回顧了日本郵船公司的損害，但從全日本海員工會刊行的《大海依然深邃——被徵用的船員悲劇（上、下）》（海なお深く：徴用された船員の悲劇〔上巻、下巻〕）、《戰歿船隻畫刊》（戦没船写真集）、《全日本海員工會四十年史——海上勞運七十年足跡》（全日本海員組合四十年史：海上労働運動七十年のあゆみ）等資料中，可以更清楚掌握到日本全國的損害。「在太平洋戰爭中被徵作軍事用途，負責物資、兵員輸送等任務」的民間船隻（含漁船）中，大約有七千兩百艘遭難（包括被魚雷襲擊、被炸彈轟炸、觸碰水雷、因惡劣天氣導致海難等都算在內）。

當時大約有六萬名船員命喪大海；在搭乘這些船舶的船員當中，特別值得一提的是十四歲到十九歲的少年船員，為數佔了一萬九千人之多。據記載，當時陸海軍人的死亡率大約是百分二十一，但船員的死亡率卻高出一倍，大約是百分之四十三。船舶的損害率超過百分之八十，能夠遠洋航行的船隻幾乎遭到徹底毀滅。

戰爭期間日本商船的沉沒原因，百分之九十四是「戰爭海難」——這當中包含了遭到美國潛艦的魚雷攻擊（百分之五十六點五）、被戰鬥機與轟炸機攻擊（百分之三十點八），以及撞上漂浮的水雷（百分之六點七）。

為什麼商船和船員會遭到如此重大的損害呢？抱著這樣的問題意識，我又試著回顧當時的國家政策與法令。這時候，海員工會和資料館編纂的年表就派上用場了。從中日戰爭爆發的一九三七年起，到第二次世界大戰結束的一九四五年為止，日本的船舶與船員都處在國家的管理下。包括《臨時船舶管理令》、《國家總動員法》、《船員徵用令》的公布，日本海員工會與船員協會的聯合組織——海事協同會，被改組成日本海運報國團，《海運統治國策要綱》、《戰時海運管領要綱》的制定、造船統制會與船舶運營會的設立、《緊急船員動員強化要綱》的發動……這一切都讓政府可以合法徵用船舶與船員。

相當遺憾的是，日本「並沒有護衛運輸用商船，也就是所謂 convoy（護送船團）的思想，因此導致船舶在戰時的受害與事故多不勝數」（《全日本海員工會四十年史》）。簡單說，政府幾乎是在赤裸裸毫無保護的情況下，逼著商船去向戰場進行物資輸送的，這實在不能不說是既嚴酷又殘忍的舉動。

這段期間，海軍軍人和非軍職人員的死亡人數，共計四十一萬四千八百七十九人（當中軍人約三十萬人，非軍職人員約十一萬人）。再仔細調查非軍職人員的範疇，可以發現除了船員以外，也包括許多在海外負責商船航運管理的船公司職員。日本船主協會和全日本海員工會之所以直到現在仍對參與戰事的反應相當敏感，正是因為背負了如此悲哀的歷史啊！

第二次世界大戰後不久的一九四五年十月，日本全國的船員集結起來，成立了全日本海員工會。之後為了推動和國際船員攜手合作，他們也加盟了國際運輸工人聯盟（ＩＴＦ），為確立有關船員生命安全的國際規則而盡心竭力。

第四章　海洋規則的形成

直到二十世紀上半葉為止，世界的海洋都是以英國為中心，採用「領海」與「公海」的區分方式，極為簡單明瞭，也容易掌握。但新崛起的大國——美國，卻顛覆掉這個架構，單方面宣告了新的海洋秩序；之所以如此，背後其實反映了捕鯨衰退、石油時代開幕的大趨勢。一開始，石油開發是在廣大的內陸進行，和海洋沒有任何關係。可是，當內陸的開發到了極限時，在面向太平洋的海域發掘海底油田的計畫便浮上檯面。以這種國內石油開發為脈絡延伸出來的，就是本章要提及的杜魯門宣言。以下將解釋這份宣言誕生的歷史背景，並對美國摸索形成的二十世紀海洋秩序及其影響，加以歸納統整。

什麼是杜魯門宣言——從鮭魚和原油談起

美國總統杜魯門（一九四五年至一九五三年在任）在一九四五年九月二十八日，針對與美洲大陸相連的海洋，發表了兩篇宣言；這兩篇宣言對所謂「大陸棚」的相關權利，以及水產資源的保護與管理，都提出了新的發想。它們被稱為「杜魯門宣言」，而前者又被稱為「大陸棚宣言」（Proclamation 2667—Policy of the United States With Respect to the Natural Resources of the Subsoil and Sea Bed of the Continental）。

「杜魯門宣言」原本在小羅斯福總統的時代就已經在構思，並且預定要由羅斯福總統來發表；可是羅斯福總統在前往嚴冬的雅爾達會談（一九四五年二月）歸國之後不久就病倒並猝逝，因此「羅斯福宣言」遂成為泡影。因此，承繼羅斯福這個未曾發表概念的人，就是他的繼任者杜魯門。

杜魯門直接面對的課題相當之多，因此只能按照緊急先後順序一個一個處理。第二次大戰的戰事發展、戰爭結束的安排，和英國以及蘇聯的利害折衝、聯合國的設立、杜魯門宣言的發表、馬歇爾計畫的執行、參與中國大陸事務（應對國民黨的蔣介石與共產黨的毛澤東、周恩來），柏林空運行動（針對蘇聯的柏林封鎖）、北大西洋公約組織（NATO）的成立、國防部的創設、參與韓戰、氫彈試驗……對這些重要事務，杜魯門政權全都必須在短時間之內處理完成才行。

如同以上所列舉的狀況，大陸棚領有權與水產資源問題雖然重要，但在政策優先度上看起來並不高，也不像是美國在面對世界時，必須緊急對應的事件；但是，這份宣言卻為之後的海洋秩序，帶來了革命性的變化。

在杜魯門宣言發表之前，在世界各國眼中，掌控海洋都只意味著控制「海面」，但杜魯門卻宣布說，要連「海中和海底（地下）」也一併管理。換言之，他是把「海上」、「海中」、「海底（地下）」這三種相關權利，也就是「海洋的三層構造」這個嶄新發想，帶進了世界的海洋秩序當中。

這份宣言，是一份宣告美國對鄰接海底的土地（海床）、地下（大陸棚），即便處於公海之下，仍然具有「管轄權」與「管理」權限。同時美國對沿海一定水域中迴游的水產資源，也有「保護」和「管理」權限的政策文件。雖然宣言中沒有提到「水產資源」的具體名稱，但明顯指的是高價的鮭魚。大陸棚蘊含著豐富的原油，鄰近海域則有數量繁多的鮭魚；杜魯門為了同時將原油與鮭魚得到手，所以才發表了這篇宣言。換言之，這份宣言的兩大支柱，就是海底油田的開發，以及水產資源的管理。

關於海底油田後面會討論，這裡先就水產資源稍微提一下；杜魯門宣言預設的「水產資源」雖然主要是鮭魚，但也包含了屬於定居類水產的珠母貝。另一方面，他主要的著眼點，則是在阿拉斯加海域鮭魚的保護與管理。北太平洋是良好的鮭魚漁場，特別是日本的漁船經常遠渡重洋，來到布里斯托爾灣捕魚；因為這片良好的鮭魚漁場常被日本漁船大搞破壞，所以阿拉斯加的水產業者早在戰前的一九三〇年代就已經提起這個問題。特別是在一九三七到三八年間，美國參議員曾經試著要求羅斯福總統通過取締日本漁船的法案，因此演變成相當大的國內問題。國務院於是透過駐日大使格魯（Joseph Grew）對日本政府施壓，要求他們對日本漁船前往阿拉斯加海域進行自主規範，同時更進一步打算取締日本的水產調查船。因此，日美關係在水產業領域，緊張程度也不斷升高。由於這時正值日本政府加速跨足中國大陸，美國對日本軍國主義化深感疑慮之際，因此日本漁船在阿拉斯加的遠洋作業，也讓美國感到有種不愉快的威脅。

即便第二次世界大戰告終，美國還是擔憂日本漁船捲土重來。

杜魯門宣言被視為國內問題

杜魯門就任總統以來，幾乎每個月都要發表宣言和行政命令，杜魯門宣言也是夾在這一大堆宣言當中的其中一份文件。杜魯門在發表了有關大陸棚和水產資源的「宣言」後，又透過「行政命令」將它傳達下去。所謂「行政命令」，指的是總統對執行法律和政策的相關行政機構所下達的命令，並非直接針對美國人民來發表。在這個案例中，他是針對大陸棚的管轄權向內政部長下令，同時又針對水產資源的保護與管理，向國務卿和內政部長各自下達「行政命令」。

從下達行政命令的對象，我們可以得知負責大陸棚管轄職權的是內政部長，而非國務卿；換言之，杜魯門是把大陸棚當成國內問題來看待，而非把它看成國際問題。相較於此，關於水產資源的保護與管理，因為是要對外國漁船在美國沿岸海域的作業進行限制，所以被視為國際問題，首先交給國務卿處理，然後才是內政部長。

另一方面，在這份宣言中並沒有使用「領有」兩字，而是用了「管轄權」與「管理」之類的用語；之所以如此，是為了應付國會的緣故。若是攸關領有土地的提案，就必須當成法律，交給議會審議和裁決，但如果只是管轄權和管理的提案，那就不需要諮詢議會的意見，直接由總統發表宣言即可。杜魯門宣言，就是這樣一份為迴避議會而編纂出來的文件。

順道一提，本章提及的杜魯門宣言，和在美國外交與現代史文獻中登場、象徵冷戰時代的「杜魯門主義」（Truman Doctorine）是不同的東西。在世界史教科書中登場、代表冷戰政策的杜魯門主義（一九四七年三月），並非提出嶄新海洋政策構想的杜魯門宣言。

這份宣言發表的時間，是在第二次世界大戰終結僅僅一個月後。當時歐洲大陸化為廢墟，日本和英國的主要都市都因為轟炸而破壞殆盡，飢餓正在全球如火如荼蔓延；在這種情況下發表的杜魯門宣言，看起來只是一份極不起眼、平凡無奇的政策與行政文件。然而沒人想到，就是這份文件，之後竟然為世界海洋掀起了革命。

在我們具體思考杜魯門宣言為世界的海洋秩序帶來怎樣的影響之前，首先要回顧歷史，來看看美國為什麼會放眼海洋開發，又是在怎樣的來龍去脈下，發表了這篇與大陸棚及漁業水域有關的宣言？透過美國發現石油，從煤炭到石油的能源革命、石油爭奪戰，乃至於美國國內的政治角力，我們才能對杜魯門宣言的背景有更深一層的理解。

環繞石油利益展開的國內政治角力

杜魯門宣言究竟是在怎樣的背景下誕生的呢？這個答案在他的自傳中可以窺見一斑。《杜魯門回憶錄》（*Memoirs by Harry S. Truman*）在日本也有翻譯出版；在第二卷的終章之前，有一章是「對海底油田法案行使否決權」（第三十章）；在這個章節裡，杜魯門針對海底油田的所有權問題與大陸棚的管理，特別是鮭魚等水產資源的確保，針對其間的角力做了陳述。

說起來，海底油田的存在受到矚目、開發機會水漲船高，是在一九四〇年代左右。因為當時的開鑿技術水準還很低，只能進行小規模的探採。但隨著第二次世界大戰帶來急速的技術革新，讓海底油田的開發一下子變成可能。在海底油田的開鑿技術產生飛躍性進步的情況下，包括艾克森美孚石油（Exxon Mobil）的前身——標準石油公司（Socony Gasoline）等企業，都開始正式投入海底油田的開發。這些石油企業和州議會的議員聯手，企圖壟斷「州屬」的大陸棚開發事業。

於是，各州的政經界遂動員起來，為了獲得油田開發的獨佔權利而四處奔走。在這當中特別強烈主張的有德克薩斯州、路易斯安那州、密西西比州，以及加里福尼亞州。這些構成合眾國的各州主張，自己應當擁有跨越三海里的公海之下廣大的大陸棚所有權和開發權，並聯手向參議院提出法案，要求參議院認可州政府的獨佔所有權。最後，德州、路易斯安那州和加州三州，共同在參院提出了決議案；他們在參議院成功獲得了廣泛支持，一時之間大有可能通過這份決議，讓各州的權益凌駕於聯邦之上。對此，杜魯門總統則是嚴陣以待。

《杜魯門回憶錄》中提到的「否決權」，指的就是他對德州、路易斯安那州、加州三州共同向參議院提出法案，主張對公海之下廣大的大陸棚所有權一事，行使總統否決權的經歷。

杜魯門在回憶錄中說：「不管怎樣的法案擺到我面前，只要我認為從國家整體角度來看會置大多數國民於不利境地，那我就會毫不猶豫地將之否決。」明白指出自己是以國家利益為最優先考量。杜魯門堅信，大陸棚就跟國會、聯邦最高法院、以及白宮所在的首都華府一樣，不屬於任何州，而是為了國家和國民存在的特別區域。

早在杜魯門前任的羅斯福總統時代，聯邦政府就已經透過參眾兩院議員，屢屢提出應將大陸棚所有權歸於自己的法案，但都遭到反對而無法成案。之所以如此，是因為那些背負各州利益、想確保石油權利的參眾議員，一齊大表反對之故。杜魯門繼任總統之後，聯邦和各州環繞著石油利益的對立也依然持續不輟；為了讓這種對立畫下休止符，杜魯門於是從「國家利益應優先於州利益」的觀點出發，在一九四五年九月二十八日發表了這份總統宣言與行政命令。

大陸棚的資源不該歸屬於特定的州，而是歸聯邦政府所有，並且徹徹底底成為提供給全體美國國民的利益——正是因為抱持著這種強烈的信念，杜魯門才會發表這份「杜魯門宣言」與行政命令。

對各州壟斷石油利益行使否決權

在這裡必須針對「否決權」稍微說明一下。在美國憲法第七條中，明記了「總統否決權」的存在，這同時也是一條象徵總統權威的條文。

根據美國憲法第七條第三項的規定，「任何命令、決議或表決（有關休會問題者除外），凡須由參議院及眾議院予以同意者，均應呈送合眾國總統；經其批准之後方始生效，如總統不予批准，則參眾兩院可依照對於通過法案所規定的各種組別和限制，各以三分之二的多數，再行通過。」換言之，就算總統對法案行使否決權，國會還是有可能翻案；但就實際上來說，要掌握參眾兩院三分之二的票數，從而讓法案通過，基本上相當困難。因此我們可以理解到，總統的否決權其實具有莫大的權限。杜魯門為了阻止州政府壟斷油田開發權利的法案通過，於是使出了否決權這招殺手鐧。

就同上述，如果不理解美國當時的國內政治情勢，就會把杜魯門宣言當成是第二次世界大戰後成為霸權國家的美國單方面向世界發表的宣言；但實際的情況是，它應該被理解成是在州政府與聯邦政府的政治角力下，當作國內政策所打出的一張牌。

石油開發的歷史

一九四五年杜魯門宣言發表時，說到世界上的能源，首先想到的就是石油，而掌握石油就能控制世界，也是世人共有的想法。汽車、船舶、飛機，全都裝上了以石油為燃料驅動的引擎；當軍隊要將戰車、裝甲車、戰艦、航空母艦、戰鬥機、轟炸機做作戰部署之際，後方支援的石油供給也是最重要之事。這時候石化製品的開發才剛剛起步，所以石油的用途主要都是在引擎的燃料，以及照明用油燈的燈油之上；但不管經濟發展還是推動戰爭，石油不可或缺的時代都已到來。

就像上述，石油已經變成日常生活的必需品，不只攸關國家的經濟發展，在國防軍事作戰方面，也必須以石油供給為前提來擬定計畫；因此我們可以理解，為了確保石油資源而主張大陸棚管轄權的杜魯門宣言，對美國而言有多麼重要。

石油是相當不可思議的液體，在美國一直以來都把它當成治療內臟疾病、關節炎、風濕病、割傷、燒傷、跌打損傷的藥物，換言之就是一種萬靈丹。之後，石油作為油燈燃料，一躍成為日常生活的必需品；二十世紀初期，隨著以福特T型車為代表的汽車發明，它又以驅動汽車引擎的燃料之姿，成為美國經濟發展不可或缺的物資。石油為美國，更為世界帶來了能源革命。

話說在美國，其實早在十八世紀，於賓夕法尼亞州、俄亥俄州、肯塔基州，就已經確認到石油的存在，特別是在原住民塞尼卡人（Seneca）的保留地發現了很豐富的油藏，因此一般又稱之為「塞尼卡油」。十八世紀下半葉，石油已經開始使用「加侖」和「桶」作為交易單位。

在十九世紀的賓州，有一位名為塞繆爾・凱爾（Samuel Kiers）的藥師。塞繆爾的父親在自己擁有的鹽井（為了抽出鹽水而設的井）抽出鹽水時，同時也湧出了石油；他把這些石油蒐集起來、裝在瓶子裡，於一八四九年當成萬靈丹來販賣。在當時的美國內陸各地，掘井蒐集鹽水是相當重要的商業活動。在北美大陸中西部進行鹽井開鑿作業時，屢屢有石油以猛烈之勢噴出，讓開墾者大吃一驚。汩汩湧出地表的石油積在一起，形成一座黑色液體的小湖，一旦遇到香菸的火花，就會頓時引火燃燒起來；看到這幅光景的開墾者莫不認為石油是恐怖的液體，因此敬而遠之。

燃燒的石油會持續延燒好幾天到幾週，黑煙從遠方就能清楚確認，因此大家都知道在某處的地下擁有大量的黑色液體。然而在當時尚不清楚石油利用價值的開墾者眼中，石油只是一種麻煩的液體罷了。

塞繆爾・凱爾在一八五〇年左右，於匹茲堡設立了美國第一座煉油廠，開始販賣瓶裝的「岩油」（Rock Oil），後來更進一步賣起了「凱爾牌石蠟油」（petroleum butter）[1]。塞繆爾把「岩油」當成口服藥，宣稱它擁有治癒內臟疾病和割傷的能力；靠著販賣這種萬靈丹，塞繆爾成為美國第一位石油富翁，同時也加速了石油的增產。

「碳油」的發明與石油燈的誕生

雖然塞繆爾順利增產了石油，但是產量增加太快導致供過於求，結果出現了大量的庫存；鑑於萬靈丹的銷售市場相當有限，他不得不好好思考該怎麼有效運用石油。於是塞繆爾從費城請來了化學專家，拜託他們研究該如何有效運用石油，又該怎麼讓它的用途多樣化。經過不斷的摸索，最後他們發現石油蒸餾之後，可以提煉成相當優質的燈油；這就是石油被當成燈油使用的開端。

蒸餾是將石油加熱蒸發，再將氣體加以冷卻液化的工法。塞繆爾在歷經屢次的試驗錯誤後，終於想出了石油的蒸餾裝置，並發明了將大量石油提煉成燈油的技術。他將這種蒸餾出來的石油，命名為「碳油」（Carbon Oil）。就這樣，以石油為原料的照明用燃料油被成功

1 譯註：主要當作蠟燭原料之用。

提煉出來，而塞繆爾也成為美國燈火革命、燃料革命、乃至於能源革命之祖。

「碳油」原本就是為了照明用的油燈而發展出來，因此這種油燈在家庭和職場中，一瞬間就普及開來。隨著石油燈的普及，過去廣受歡迎的鯨油，需求量一下子暴跌。鯨油不只價格昂貴，而且燃燒的時候還會充滿惡臭，因此消費者爭先恐後，倒向以石油為燃料的油燈；從此鯨油燈逐漸被廢棄，以採取鯨油為目的的捕鯨業也隨之衰退（參照第二章）。石油引發的能源革命，就這樣從美國揭開了序幕。

塞繆爾雖然是石油乃至能源革命之祖，但他並不是讓美國的石油產業興盛、並加以掌控它的人。美國石油產業的起源，必須回溯到賓州泰特斯維爾（Titusville）的油田開發。在這座油田裡，為了開鑿石油而引進了使用特殊機械在地下鑽孔，從而自地表下抽出石油的整套作業系統。開發出這套系統的，是在石油公司工作的技師艾德溫・德雷克（Edwin Drake）。

將德雷克開發的技術加以活用，從而形成一整套從石油開鑿、提煉、販賣到流通的企業體系者，是企業家約翰・洛克斐勒（John D. Rockefeller，一八三九年至一九三七年）。作為罕見的絕代企業家，洛克斐勒設立了俄亥俄州標準石油公司（Standard Oil of Ohio）；接著他陸續收購了散布在美國國內各地的石油相關企業，進一步推動對市場的壟斷。一開始他只從事石油的販賣和流通，但後來漸漸將觸角伸向上游的油田開發、開採與提煉，從而掌握了從上游到下游（生產、流通、販賣）的整個石油產業。

一開始洛克斐勒只是經營照明用的燈油，但之後隨著柴油引擎等的發明，他也開始生產燃料油，並壟斷了市場。以在美國國內的成功為基礎，洛克斐勒也開始積極將石油往海外輸出；不過因為美國國內就有豐富的油田，所以他的主要注意力還是集中在國內的生產與販賣，至於海外的油田開發，則不是那麼熱中。

不產石油的倒楣英國

或許會有人覺得很奇怪，主導產業革命、建立起大英帝國的英國，為什麼沒有發生石油革命？說到底，這還是因為英國不產石油的緣故。十九世紀後半發生從煤炭到石油的能源革命之後，美、英、德、荷、法、俄各國，莫不致力於國內的油田開發；但是國內確定存在有油田的，就只有美國和俄羅斯等大陸國家而已。至於主導工業革命的英國，則只有煤炭而無石油，因此沒能像德、俄、荷、法等西歐各國一樣發現油田。在英國和挪威圍繞的廣大海域——北海發現龐大的海底油田並開始生產，已經是一九六〇年代，而美國正式開始發掘石油，則是一八五九年；換言之，英國國內的石油開發，已經是美國之後一百年的事了。英國在十八到十九世紀，以織造棉織品的水力紡織機，和使用煤炭的蒸汽引擎（代表為蒸汽船、蒸汽火車頭）等最尖端的技術而自豪，但在以石油為燃料的技術開發上，他們卻落後美國一大截。

英國除了前往海外開發油田以外已經別無選擇，因此必須仰賴跨國企業在世界各地發現油田、採掘原油、並進行精煉與販賣。英國之所以在中東波斯灣地區的石油開發大佔優勢，就是這個緣故。相反地，在國內擁有油田的美國與俄羅斯，則是致力於本國的油田發現與開發，而沒有必要特意前往海外開發油田。而美國的石油企業，也只專注於將本國生產的石油行銷海外。

大博弈：石油的爭奪戰

十九世紀下半葉到二十世紀上半葉，關於石油的「大博弈」在世界各地正如火如荼地展開。「大博弈」（The Great Game）這個詞，原本指的是十九世紀時，英俄兩國為爭奪中亞霸權展開激烈的情報戰與勢力角逐。但石油的爭奪戰，也完完全全符合「大博弈」這個形容。英國的石油企業殼牌公司（Royal Dutch Shell plc），原本都是從俄羅斯輸入原油，但為了降低對俄國原油的依賴程度，海外油田開發就變成相當要緊的課題。

為了遏止俄國把觸手伸向中亞、波斯灣以及英屬印度的南下政策，英國在這些地區不斷和俄國展開情報戰，因此十九世紀的中亞，便成了「大博弈」的主戰場。不管英國或是俄國，對於這場爭霸是否會演變成熱戰都深懷憂懼，而兩國之間的緊張關係也日益升高。

獲得諾貝爾文學獎的英國著名作家吉卜林（Rudyard Kipling，一八六五年至一九三六年），在作品《基姆》（*Kim*）裡率先使用了「大博弈」這個詞彙。結果（雖然稍嫌誇張）這個詞馬上就流傳到世界各地，被理解成大國間霸權爭奪的象徵性詞彙。《基姆》是描述出生在十九世紀末英屬印度的英國孤兒基姆，被培養成優秀間諜的故事。順道一提，吉卜林還有另一部著名的作品，那就是描述一名在英屬印度叢林裡長大少年的小說——《叢林故事》（*The Jungle Book*）。

為何會掀起關於石油的「大博弈」，原因正如前述，是因為美國國內發展出精煉原油的技術，並發明了各種石油製品所致。以美國為起點的石油革命讓世界為之一變，英俄也不得不為了石油走上新的「大博弈」之路。

「大博弈」的舞台——中亞和波斯灣周遭地區，從十九世紀下半葉開始正式進行油田開發；這場開發將民間企業也捲入其中，從而使得石油爭奪戰更加激烈。當時英國並不屬於產油國，因此必須要向美俄兩大產油國進口油燈所需的燃料油。於是，英國一面與俄國爭奪霸權，另一方面卻要仰賴俄國產的燈油（主要來自亞塞拜然的巴庫油田），兩國之間的關係可說充滿了矛盾。

但是話又說回來，如果美國的標準石油公司緊縮燈油供應，那英國就不得不提升對美國的依賴程度，從國家能源安全保障的觀點來看，脆弱性也會隨之增加。因此，英國也有必要努力降低依賴美國石油的比例，但這樣一來又不得不帶著滿腹苦水，硬是進口俄羅斯的燈油。正因如此，對英國而言，石油來源的多樣化，不只是確切的課題，更是在對外關係上經常難解的習題。

直到時序進入二十世紀，在美國南部的德州等地陸續發現巨大油田為止，標準石油公司一直以壟斷企業（托拉斯）之姿君臨整個美國，其企業經營不只一手包辦了從國內油田開發到販賣、流通的整個作業流程，還積極向英國、歐陸、俄羅斯等國出口石油，席捲了全世界的市場。面對這種狀況，在美國國內從十九世紀末起，州和聯邦開始積極推動《反托拉斯法》，以阻止標準石油公司的日益膨脹。同時在海外，限制標準石油壟斷世界市場的行動也不斷加速；在二十世紀初期，英國和荷蘭也加入了石油市場。

為了阻止標準石油對海外市場的壟斷，一九〇七年英國和荷蘭共組了「皇家殼牌石油公司」。皇家殼牌是由英國企業殼牌與荷蘭企業皇家石油聯手組成的跨國公司，目的是為了對抗標準石油公司。皇家石油是負責荷屬東印度（印尼）的油田開發，和意圖踏足遠東的殼牌原本是競爭對手，但現在選擇了攜手奮鬥。

另一方面，英國有鑑於「控制石油的人就掌控了世界」，所以在國家政策上確立方針，要在海外殖民地進行油田開發。一九〇八年，他們設立了英波石油公司（Anglo-Persian Oil Company〔APOC〕，一九〇八年發現油田，之後又改名為英伊石油公司 Anglo-Iranian Oil

Company〔AIOC〕，最後改為BP〔英國石油公司〕），貫注全力在海外的油田開發上。

標準石油公司後來被列為違反《反托拉斯法》的對象，分割成好幾家公司，從而導致了石油企業的重組。之後美國方面歷經了複雜的企業合併與分割，再加上英、荷、法的石油企業興起，於是遂在二十世紀中葉，誕生了人稱「七姊妹」（Majors）的巨大石油資本，在世界各地展開激烈的競爭。

海底油田受到矚目

拜標準石油公司在北部地區進行油田開發所賜，紐約發展成巨大的近代化都市。之後隨著德州等南部地區又發現大規模油田，美國石油企業對海外油田的開發投資意願更形降低，只關注在北美大陸本土的油田開發上。

在大陸本土的油田開發方面，因為經營者總是擔心原油不知道何時會枯竭，所以在這種憂慮驅使下，國內油田的開發之勢益發猛烈；從這種熾烈的國內競爭延伸出去的，就是對「沿海地區海底油田」這塊新領域開發的矚目。

為了與北部的標準石油公司的相關企業抗衡，在西海岸的加州、南部的德州、路易斯安那州、東岸的佛州等地，當地的石油企業全都打出了「開發海底油田」的口號。作為民間企業的後盾，州政府和州議會也積極支持這樣的開發。就這樣，在州這個層級上，官民攜手協力，開始朝著海底油田的開發邁步向前，同時各州也積極展開行動，好確保自己的獨有權益。

一九三九年第二次世界大戰的爆發證明了兩件事：沒有石油，根本不用考慮戰爭的進行；就算要作戰，也會在短時間之內消耗掉偌大數量的石油。故此，石油企業竭盡全力，要發掘出埋藏在北美大陸的原油。同時，加州和德州也為了讓法律認可各州對接壤的海底土地——大陸棚——擁有所有權，積極動員參眾兩院議員，要讓它排進聯邦法案之中。之後就如本章開頭所言，為了阻擋各州的這種動作，杜魯門總統於是針對大陸棚海底、地下以及漁業水域，發表了「聯邦政府有權管理」的宣言與行政命令。

隨著石油時代的到來，以歐洲各國和俄羅斯為中心的石油爭奪戰不斷蔓延；而國內本身保有豐富油田的美國，則在州政府與聯邦政府間，上演了關於石油資源開發、利用權限的獨特內鬥戲碼。杜魯門就是在明確要抑制州政府的油田開發、並由聯邦政府掌握開發主導權的意圖下，發表了這篇在海洋法領域中必然會被提及的杜魯門宣言。

南美各國緊跟腳步，世界潮流瞬間加速

接下來，讓我們將目光投向杜魯門宣言發表後的世界形勢。隨著杜魯門宣言陸續傳播開來，世界各國紛紛開始注意蘊含著原油的大陸棚，同時也察覺到保護鮭魚等水產資源的必要性。這份宣言對和美國大陸相連的中南美各國影響尤其重大；就像骨牌效應一樣，這些國家紛紛追隨美國的腳步，也對大陸棚和漁業水域提出主張。

最早做出反應的，是美國消息靈通的鄰居——墨西哥。之所以會如此，其實也是理所當然；因為墨西哥政府之前就已經針對取締在墨西哥灣作業的美國漁船一事，和美國國務院展開折衝，所以在交涉過程中，他們早已事先得知了美國會發表杜魯門宣言。除了墨西哥之外，美國也事先知會了盟友英國與加拿大。

在杜魯門宣言發表後一個月的一九四五年十月二十九日，墨西哥也發布總統宣言，明白宣示自己擁有大陸棚的權利；阿根廷在一年後的一九四六年十月宣布跟進，接著是一九四七年六月，智利也宣布對大陸棚與兩百海里經濟水域的權利。同年八月，祕魯宣布對兩百海里水域擁有保護管理權，厄瓜多也隨之跟進。就這樣，從中南美各國間，誕生出以美國為主導

的海洋秩序新潮流。

引發海洋革命的杜魯門宣言

正如前面反覆提及的，杜魯門宣言是反映國內政治角力局面的產物，和「創造新世界秩序」之類的發想全然無關。但這份宣言一出後，中南美各國紛紛宣稱對兩百海里水域的權利，這讓人不禁憂心，世界的海洋會不會在毫無秩序的情況下，被各國瓜分成為自己的領地？

為了化解這種憂慮，世界各國不斷召開和「公海下的大陸棚與水產資源該如何處置」有關的國際會議；結果在一九五八年，舉行了第一屆聯合國海洋法會議，通過了《大陸棚公約》（Convention on the Continental Shelf，一九六四年生效）。至於水產資源的確保，後來則發展成經濟海域的概念。

《大陸棚公約》的精神，後來成為《聯合國海洋法公約》（United Nations Convention on the Law of the Sea，一九八二年通過，一九九四年生效）的基礎，一直延續到今天。這些有關大陸棚海底、地下以及海中天然資源的國際規則，都是從杜魯門宣言開始生根；就這層意義上來說，它堪稱是為傳統的海洋秩序帶來了革命。

試圖將兩百海里領海化的「聖地牙哥宣言」

追隨杜魯門宣言腳步的南美三國——智利、祕魯、厄瓜多，更進一步主張他們對海上（上層水域）也有掌控權，也就是「海上、海中、海底、地下」皆為他們所有；換句話說，不只是海底的天然資源，海上到海中的漁業權利，也都應歸屬於他們。

因為這三國有著共同的利害關係，所以他們在一九五二年八月，於智利的首都聖地牙哥召開國際會議，就兩百海里水域「應有主權及管轄權」這點達成協議，這就是所謂的「聖地牙哥宣言」（Declaración de Santiago）。這股兩百海里領海的潮流又引發了骨牌效應，一九六〇年代下半葉，阿根廷、烏拉圭、巴西也陸續跟進，甚至一路延燒到中東和亞洲各國；發展中國家沛然莫之能禦的狂熱活力，一下子在世界各地傳播開來。對此，美國的反應不但是反對，還強烈表示抗議。

由聯合國處理海洋問題——美國誤算的開始

當許多發展中國家參照主張「兩百海里領海」的聖地牙哥宣言，紛紛宣布自己對於兩百海里水域的經濟權利之際，聯合國也開始摸索世界海洋秩序應有的形態。以美國杜魯門宣言為震央的兩百海里問題，於是遂成為新生的聯合國肩膀上相當重要的課題；不只如此，這也是美國誤算的開始。

聯合國於一九五八年在瑞士都市日內瓦召開第一屆聯合國海洋法會議，經過與會八十六國的利害折衝後，通過了《大陸棚公約》。《大陸棚公約》既是各國赤裸裸將利害端上檯面、進行大幅妥協的產物，也是在創造新價值的前提下，編織出來的國際規則。

若是接受國際規則的國家多，那它就有賦予世界秩序安定的能耐；反之，若是大多數國家都不遵守這個規則，那世界秩序就會陷入不安。不只如此，大國接不接受這種規則也是它具不具備實效性的關鍵；所以當大國產生勢力交替、時代出現重大變化的時候，國際規則也就不得不隨之而變。

直到被稱為「海洋憲法」的《聯合國海洋法公約》締結為止，聯合國從一九五八到一九八二年間，一共主導了三次海洋法會議。第一次聯合國海洋法會議於一九五八年、第二次於一九六〇年、第三次則是一九七二到一九八二年，斷斷續續跨越了十年的漫長時間，最後終於通過了海洋法公約。

從一九五〇年代聯合國開始主導海洋法令整飭開始，歷經了將近三十年的歲月與迂迴曲折，最後終於誕生出這部《聯合國海洋法公約》。走到這一步，花費了無數的勞力與時間，世界各國的利害折衝之艱難，由此可見一斑。

日內瓦會議——通過四項海洋公約

在日內瓦舉行的第一次聯合國海洋法會議，於一九五八年四月通過了俗稱的「日內瓦海洋法四公約」，其中之一就是《大陸棚公約》。

以下列舉出這四項公約的正式名稱：（一）大陸棚公約（CCS, Convention on the Continental Shelf）；（二）領海與鄰接區公約（CTS, Convention on the Territorial Sea and the Contiguous Zone）；（三）公海公約（CHS, Convention on the High Seas）；（四）漁業

及公海生物資源保存公約（CFCLR, Convention on the Fishing and Conservation of the Living Sources of the High Seas）。

將這四項海洋公約統合後所誕生的，就是一九八二年通過的《聯合國海洋法公約》。聯合國海洋法公約是以「日內瓦海洋法四公約」為基礎架構，再加入對於深海底的新觀點發展而成的產物。

在這當中不可忘記的海洋秩序概念，包括了領海、鄰接區、無害通航、公海。以下就從日內瓦海洋法四公約出發，針對這些概念一一加以彙整。

原本公認的領海只有三海里

過去世界的海洋只區分為領海和公海，因此世界上存在著廣大的公海。可是自十九世紀到二十世紀，主要是反映英美等大國的思維，所以出現了「鄰接區」的概念。接著從海洋資源探勘與開發管理的嶄新發想之中，又誕生出「經濟海域」（EEZ）的概念，「大陸棚」等術語也陸陸續續冒了出來。另一方面，和大國主導的海洋秩序塑造相對，也出現了諸如「深海底」之類的新概念；但不管怎麼說，沒有大國存在，這些革新的概念也都不會出現吧！

在十八到十九世紀一躍成為海洋大國的英國，因為強烈渴望在全球性的自由航行，所以領海對他們來說，當然是愈窄愈好。為了取締走私、偷渡、逃稅，領海的幅度只要保持最低限度就行，因此英國採用的領海規制，是離岸三海里制（約五點六公里）。

對於英國提倡的領海三海里主義，美國也蕭規曹隨，因襲了這項主張；於是十九世紀遂在英美的主導下，讓領海三海里主義普及開來。當然，也有其他國家——比如說北歐各國要求四海里，俄羅斯則要求十二海里的關稅及漁業水域——提出不同主張，因此這項規範絕非是舉世一致，但到十九世紀末為止，三海里大致還是成了世界普遍接受的共識。然而進入二十世紀之後，這項規範再次成為海洋規則的主要爭議熱點。

美國在一七九三年，由國務卿傑佛遜（Thomas Jefferson）將「領海設定為三海里」的外交文件，遞交給英法的駐美大使。因此美國的三海里領海，乃是起源自一七九三年。

之後大約過了兩百年，在一九八八年共和黨雷根執政的時期，美國將領海從三海里擴大到十二海里（約二十二公里）。據當時媒體報導，之所以這樣擴大，是為了阻止蘇聯的間諜船逼近美國沿海。

日本基於在世界自由進行漁業的觀點，認為公海是愈廣愈好，所以也主張三海里的狹版領海。一九五八年第一屆聯合國海洋法會議，作為日本政府代表團成員之一與會的國際法學者小田滋，在他的回憶錄《我在國際法的第一線》（国際法の現場から）中就說，重視遠洋漁業的日本「對水產這方面相當堅持」，但美國卻把「軍艦通過海峽航行的自由」當成最重要課題；兩方針對海洋問題有著極大的落差。

對「領海寬度」議而未決的領海公約

所謂「十二海里領海」，指的就是「領海寬度為十二海里」；至於「寬度」的計算方式，則是以海岸線為基準，向外延伸到附近洋面上的距離。日、美、英原本在傳統上都是維持三海里領海，但之後英美卻往六海里的方向改弦易轍，並以此為基礎提出新的修正案：新方案是從六海里領海再往外洋延伸一倍（六海里），這片新添的海域，應被設定成當事國擁有漁業權的「經濟海域」。也就是說，合計十二海里的水域都是屬於沿岸國家的經濟權益，應受認可——事實上，這是一種被世界趨勢推著走的結果。

這種世界趨勢明顯體現在聯合國的議場上；佔聯合國多數席次的發展中國家，和以蘇聯（俄羅斯）為中心的蘇聯─東歐集團，這些國家為求超過十二海里的領海，並且群起操控聯合國的投票行動。還有更極端的例子，那就是前述的智利、祕魯、厄瓜多等國，他們甚至宣稱擁有兩百海里的海域主權。在聯合國對海洋議題的審議與表決都是採用多數決方式，因此從會員國數量來看，發展中國家佔了壓倒性的優勢；相反地，美國等先進國家則是處於不利的立場。

日內瓦海洋法四公約中雖然有《領海公約》這一項，但在這場會議上各國對於領海的範圍究竟是多少──是日本主張的三海里呢？還是美、英、加主張的六海里？又或是發展中國家主張的十二海里？──並無法形成一個明確的共識。

在一九五八年四月的投票中，英美提案的「領海六海里＋經濟海域六海里＝十二海里」的方案，以些微票數之差遭到否決，日內瓦會議於是陷入決裂，而最關鍵的「領海寬度」問題，也在與會國無法達成共識的情況下，以毫無成果作收。儘管各國對於「保有領海」這件事都有共識，卻沒能針對領海的寬度得出結論，因此這項公約只能說是極端殘缺不全。為了就這個「寬度問題」做出決議，聯合國於是在一九六〇年，在日內瓦特地召開了第二次海洋法會議。

在一九五八年的會議中，通過的是一些技術性的項目——比方說領海的決定基準（以海岸的低潮線為基線），以及後面會提到的「無害通航權」。與會國在能夠妥協的範圍內達成協議，總之先通過領海公約，至於最重要的「領海寬度」問題，則是將它姑且擱置一旁。海洋世界，就是在習慣法與妥協的不斷積累中成立的。

什麼是「鄰接區」？

和領海相連的海域，被稱為「鄰接區」（contiguous zone）。這塊區域原本是公海的一部分，但沿岸國為了讓領海內的阻遏違法行動能夠更加順暢進行，於是設置了這樣一塊特別的海域。現在，在經濟海域（EEZ）當中，和領海相連、寬度約十二到二十四海里的海域，都被稱為鄰接區。在這裡，當事國可以查緝關稅、取締走私和偷渡、從事各種攸關犯罪搜查、追蹤、逮捕等方面的警察行為，也可以針對傳染病展開防疫行動。鄰接區就是以這些執行管轄權為前提而設置的水域。

領海公約和海洋法公約針對鄰接區的條款做了很詳盡的闡述，這些現在都已經成為國際間固定的規則。但在此同時，沿岸國還是會對航行於領海與鄰接區的船舶做出規範，並要求對方先行諒解；在這方面，世界各國的對應方式也都各不相同。

說到底，所謂鄰接區的概念，其實是從十九世紀的英國思維衍生出來的。當時，海上大國英國採用領海三海里主義，同時又為了針對走私等犯罪行為進行搜查，而主張自己對於和領海相連的部分公海海域具有管轄權。之所以如此，是因為常有這樣的案例發生：英國當局的船艦明明在三海里的領海內發現了走私船，但在追緝的

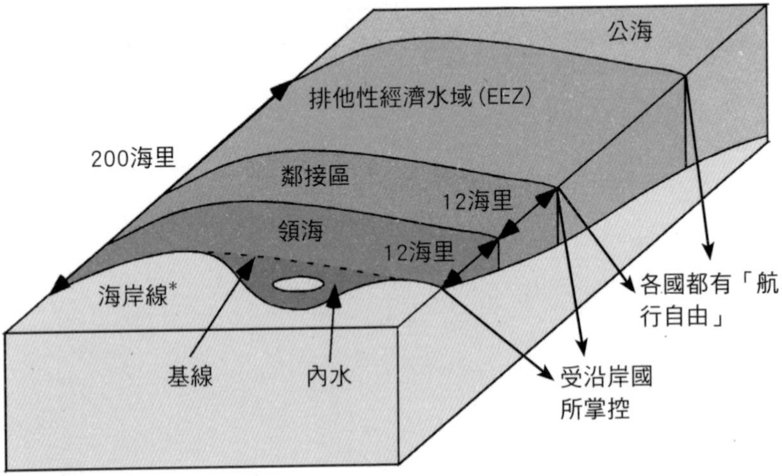

* 漲潮時沉入海面下，退潮時才會浮現的潮間帶
註：1 海里 =1.852 公里

海域各種名詞的定義。

過程中，走私船往往會跨越領海，逃逸到公海，結果對犯罪搜查造成了嚴重的阻礙。於是為了解決第一線面臨到的這種麻煩，在十八世紀到十九世紀左右遂萌生出「鄰接區」的概念。

對英國來說，有兩個主要的國家利益：第一是在世界各地維持「自由航行」，第二是阻止來自海外的走私，而為了同時完成這兩者所創造出來的發想，「鄰接區」於是就登場。走私船往往都是高速的小艇，要在三海里領海的範圍內追蹤並查緝它們實在是有難度。為解決這個問題，最好的方法就是在連接領海的部分公海上，設置一塊特殊的水域，讓英國當局的船艦能越過領海對走私船的追蹤與查緝；於是，鄰接區就這樣誕生了。

因為走私船而傷透腦筋的，並不只有英國而已。誕生在新大陸的美利堅合眾國，日常生活裡淨是些無趣的東西，舉凡嗜好品或奢侈品都必須仰賴舊世界歐洲的進口才行；故此，在整個十九世紀當中，走私船在美國沿海一直相當活躍。這種狀況一直持續到二十世紀，特別是禁酒法施行的一九二〇年代到三〇年代初期，要如何取締那些從歐洲帶著大量酒類前往大西洋岸港口城市的走私船，一直是美國政府相當頭痛的問題。

為走私船所苦的美國，從十八世紀末開始也為了取締走私船，而慢慢萌生了鄰接區的構想。美國在一七九九年的法律中規定，「在沿岸十二海里的水域中，禁止外國商品的轉運，同時美國也有權對這片水域內的外國船舶進行臨檢搜索。」接著在一八四四年，他們又規定「禁止在夜間轉載貨物」；一九二二年，美國制定「關稅法」，將「鄰接領海的水域」的概念加以明確化。在這項法案中規定，「（美國政府）有權對距美國海岸四里格（League，相當於十二海里）以內的所有船舶登船、查閱送貨清單，並針對船舶及其所有構成部分、船內所有人員、貨艙與行李，進行檢查、搜索、調查；為了達到這個目的，可以要求船舶停船，必要的時候也可以行使武力來要求對方遵守這項法律。」（水上千之，《海洋法》〔海洋法—展開と現在〕）

接著在一九二四年，英美締結了一項條約，規定美國有權在一個小時內，對美國沿海發現的英國走私船進行追緝，並進行登船、搜索和逮捕等行動。因為英美兩國採用的都是領海三海里制，所以越過三海里在公海上進行追緝在這兩國間都是合法的。不過當時兩國對於鄰接區的共同想法則是如上所述，不是採用硬性的距離，而是以「一小時」這個時限為大前提。

受到英美兩國舉動的影響，當一九三〇年荷蘭海牙召開國際法編纂會議的時候，也將鄰接區定為十二海里。就這樣，美國創造出了「十二海里鄰接區」的主流趨勢；但到了一九三五年，他們制定了新的走私防治法，宣布「從原本的鄰接區十二海里外側開始計算，

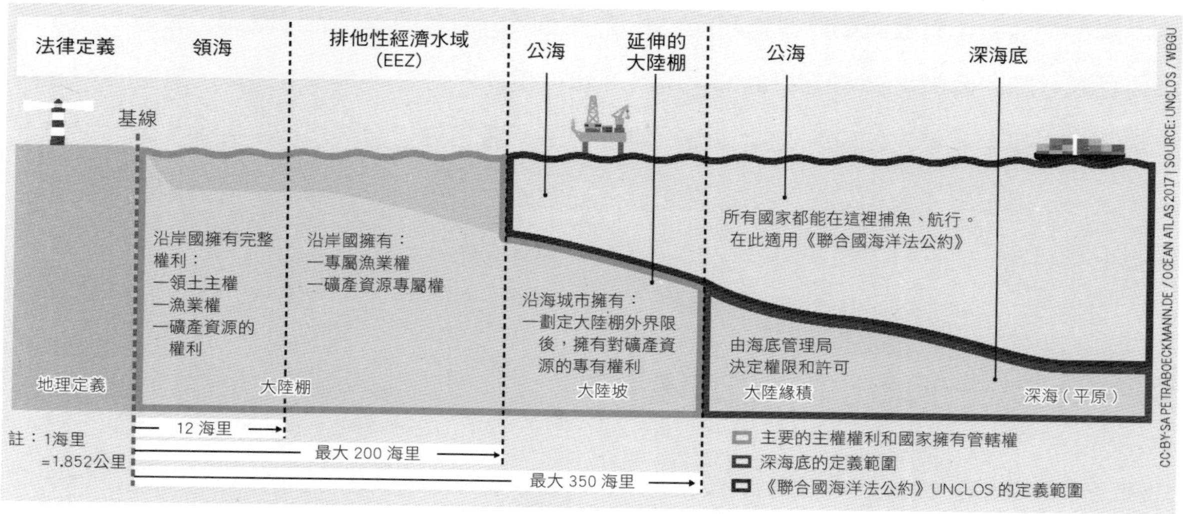

法律定義
領海
排他性經濟水域
(EEZ)
公海
延伸的
大陸棚
公海
深海底
基線
沿岸國擁有完整
權利：
一領土主權
一漁業權
一礦產資源的
權利
沿岸國擁有：
一專屬漁業權
一礦產資源專屬權
沿海城市擁有：
一劃定大陸棚外界限
後，擁有對礦產資
源的專有權利
所有國家都能在這裡捕魚、航行。
在此適用《聯合國海洋法公約》
由海底管理局
決定權限和許可
地理定義
大陸棚
大陸坡
大陸緣積
深海（平原）
註：1海里
=1.852公里
12 海里
最大 200 海里
最大 350 海里
主要的主權權利和國家擁有管轄權
深海底的定義範圍
《聯合國海洋法公約》UNCLOS 的定義範圍
CC-BY-SA PETRABOECKMANN.DE / OCEAN ATLAS 2017 | SOURCE: UNCLOS / WBGU

《聯合國海洋法公約》下的海域劃分

再往外海五十海里的範圍，也都屬於「鄰接區」，好強化對走私船的取締。之所以如此，是因為從英國與歐洲各國帶著酒類前來的走私船不斷出沒，讓美國不得不神經緊繃的緣故。

在一九五八年日內瓦會議審議領海公約與大陸棚公約的過程中，鄰接區的構想也自然被採納進來；當共和黨艾森豪政權於一九五八年將三海里領海擴大為十二海里，同時聯合國海洋法公約也在一九八二年將領海訂為十二海里之後，鄰接區的範圍也定了下來，就是十二海里（從十二海里領海邊界起算，往洋面再加十二海里，亦即距海岸線二十四海里）。不過美國在一九九九年民主黨柯林頓政府時代，又把十二海里擴大到二十四海里。

公海是什麼——充滿「自由」的公海公約

《公海公約》是日內瓦會議在一九五八年通過的海洋法四公約之一。閱讀它的原文，會讓人感到相當驚訝，因為條文中充滿了跟美國十分相似、積極主張「自由」的字句。

在第一條對「公海」加以定義之後，公約第二條便清楚寫下「公海對各國一律開放」，並明記了公海的「四大自由」：（一）航行自由；（二）捕魚自由；（三）敷設海底電纜及管線之自由；（四）公海上空飛行之自由。

《公海公約》通過的一九五八年正值所謂「冷戰」時期，美國與蘇聯正展開世界規模的心理戰與意識形態戰爭。或許正因如此，《公海公約》才會如此反映了世界上最豐饒、堪稱超大國的美國思想吧！

《公海公約》定義的「公海」，和一九八二年聯合國海洋法公約規定的「公海」之間有著很大的落差。按照公海公約，所謂公海指的是「不屬領海或一國內國水域之海洋所有各部分」；簡單說，領海以外的廣大海域都是「公海」。

可是在海洋法公約中，除了領海與內國水域（比領海基準線更靠近陸地的水域、河口、內海等）之外，經濟海域（EEZ）也被納入範疇。扣除掉這兩者後的海域才算「公海」，因此世界的「公海」一下子縮小了許多；不只如此，海洋法公約中也有「在群島國的情形下，則及於群島水域以外鄰接的一帶海域」字樣，因此這些地方也被劃出了公海範圍。就這樣，「公海」的範圍日益狹窄。

當《公海公約》通過的時候，先進國和發展中國家還在為「領海寬度」爭執不下。因此如前所述，它並沒有決定「領海」的寬度有多少，只是單純規定「領海」與「內國水域」以外的海洋屬於「公海」;換言之,它就只是認可了「領海」這個概念的存在而已。至於各國主張的領海,則還是日美英的三海里與發展中國家的十二海里,一人一把號、各吹各的調。

後來在海洋法公約中,終於將領海的寬度定為十二海里;從對「領海」這個概念產生共識的《公海公約》通過到這時,已經過了二十四年的歲月。從這裡也可以窺見海洋法從「可能形成共識的領域」,到慢慢形成秩序的歷史進程。簡言之,現在的海洋秩序,就是以世界規模進行長期複雜的交涉和利害調整、最後靠著各國的妥協,從而誕生出來的結果。

領海的無害通航

比方說,美國和中國之類的第三國船舶(含軍艦),能夠在日本的「領海」中自由通航,這就是所謂的「無害通航」,而這種權利則被稱為「無害通航權」。在《領海公約》和海洋法公約(第十七到二十一條)中,針對「無害通航權」做了詳盡的解釋,這個詞也因此成為「海洋是自由的、船舶可以自由航行」的象徵而廣為人知。

強烈主張無害通航概念的是英美兩國;他們之所以如此主張,並不是基於「海洋對任何人都是自由的」這一概念，而是為了讓自己的軍艦等船舶能在世界的海域「自由」航行，並「自由」進行通商貿易與軍事行動，所以才需要「無害通航」的權利。而這和英美兩國主張盡可能限縮世界各國的領海，並最大幅度擴張公海，好讓船隻得以自由航行的概念也是一致的。

海洋法公約第十九條規定，「通航只要不損害沿海國的和平、良好秩序或安全，就是無害的。」既然如此，那「有害」又是怎樣才算數呢？

繼續閱讀公約，可以看到底下十二項有害的行為：（a）對沿海國的主權、領土完整或政治獨立進行任何武力威脅或使用武力，或以任何其他違反《聯合國憲章》所體現的國際法原則的方式進行武力威脅或使用武力；（b）以任何種類的武器進行任何操練或演習；（c）任何目的在於蒐集情報使沿海國的防務或安全受損害的行為；（d）任何目的在於影響沿海國防務或安全的宣傳行為；（e）在船上起落或接載任何飛機；（f）在船上發射、降落或接載任何軍事裝置；（g）違反沿海國海關、財政、移民或衛生的法律和規章，上下任何商品、貨幣或人員；（h）違反本公約規定的任何故意和嚴重的汙染行為；（i）任何捕魚活動；（j）進行研究或測量活動；（k）任何目的在於干擾沿海國任何通訊系統或任何其他設施或設備的行為；（1）與通航沒有直接關係的任何其他活動。

以上明確記載了對沿岸國有害的情況。也就是說，包含軍艦在內的船舶雖然可以通過沿岸國的領海，但除了通航以外什麼都不能做，這樣才能稱得上是「無害通航」。

針對潛藏於海中航行的潛艦，公約也做了規範：「在領海內，潛艦和其他潛水器，須在海面上航行並展示其旗幟。」（第二十條）也就是要求所有潛水器都有浮上水面的義務。換句話說，潛航中的潛艦並不是「無害通航」，而是對沿岸國有害。

特別是美國，他們在二次大戰後挾強大的軍事力量為後盾，自命為「世界警察」，因此讓美

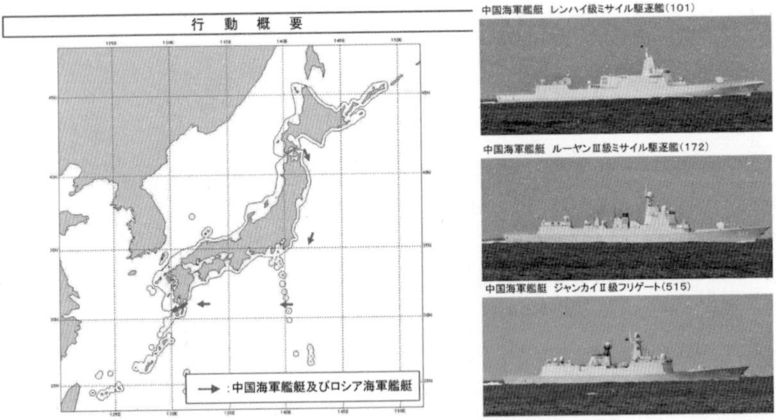

日本防衛省在 2021 年 10 月間公布的中國與俄羅斯進入日本近海操演的路徑圖與偵照圖。

國海軍艦艇得以在世界各海洋自由航行乃是比什麼都重要的事。說實話，他們並沒有想讓世界各國的船隻在美國領海自由航行，只是一心想要美國海軍的艦艇能在世界各地的領海自由行駛罷了。

另一方面，日本雖然仍屬於傳統的三海里派，但在綜觀世界動向之後，也在一九七七年制定了《關於領海及其鄰接區之法律》（領海法），規定領海為十二海里。

可是，日本也設有不適用於十二海里領海的例外海域，那就是環繞日本列島的五處海峽；這五處海峽被指定為「特定海域」，依舊維持三海里的範圍。它們分別是宗谷海峽、津輕海峽、對馬海峽東水道、對馬海峽西水道、大隅海峽；至於隔開北海道與青森縣的津輕海峽中央部分，則不屬於日本的領海[2]。

2 編註：十月十八日，中國與俄羅斯海軍共十艘軍艦，於當日下午通過日本海向東航經北海道與本州之間的津輕海峽，最後航向太平洋。這是中俄兩國首次航經貼近日本領海的津輕海峽。津輕海峽位於日本本州和北海道之間，東西連接日本海與太平洋，是第一島鏈北部的重要海峽。由此北上可直通鄂霍次克海及阿留申群島，南下則為夏威夷群島和太平洋，交通和戰略地位十分重要。

大陸棚公約的誕生——杜魯門宣言的國際化

在此，針對日內瓦會議通過的《大陸棚公約》中，有關「大陸棚」的定義稍微說明一下。它的規定是，和沿岸國海岸相連的海底土地直到水深兩百公尺為止，都算是「大陸棚」。又，如果技術力足以開發，那麼超過水深兩百公尺的海底，也算是沿岸國的大陸棚。這裡的「沿岸國海岸」，包含了「島嶼」在內。

具體而言，像美國這樣的大國，就算是超過水深兩百公尺的海底，只要有開發天然資源的技術力，就可以宣稱其為大陸棚；換言之，這份公約其實是照著美國等大國的邏輯在運作。

觀看條文，在接下來的第一條第一項中，分別指定了兩種可以算是「大陸棚」的海底，其定義如下：（a）鄰接海岸但在領海以外之海底區域之海床及底土，其上海水深度不逾二百公尺，或雖逾此限度而其上海水深度仍使該區域天然資源有開發之可能性者；（b）鄰接島嶼海岸之類似海底區域之海床及底土。

大陸棚的定義還不只於此。在接下來的第二條第一項與第二項中，出現了「主權上權利」

和「專屬」的字眼，換言之即是承認和大陸棚相鄰的沿岸國對這塊土地的實質領有。在條文審議的過程中，曾經有人提議使用「管理和管轄權」，不過最後是以「主權上權利」定案作結。

相較於「主權」是對領土擁有一切權利，「主權上權利」則是指國家在經濟領域方面的權利。雖然國際法專家能夠理解兩者之間的差異，但對門外漢來說，要理解箇中差異其實相當困難。至於「管轄」和「管理權」之類的用語，則是在杜魯門宣言中曾經大篇幅提起，因此大陸棚公約的草案審理過程，其實就是國際關係的投影。

之所以不講「主權」，而是用「主權上權利」這種微妙的語彙來表達，是在滿足美國等大國期望的同時，也顧慮其他國家的感受而採取的手段。將杜魯門宣言國際公約化的作業能做出這樣的調整，實在令人感動。

在第二條第一項中規定，「沿海國為探測大陸棚及開發其天然資源之目的，對大陸棚行使主權上權利。」接下來的第二條第二項又說，「本條第一項所稱權利為專屬權利，沿海國如不探測大陸棚或開發其天然資源，非經其明示同意，任何人不得從事此項工作或對大陸棚有所主張。」

對於不是專攻法律的學生與一般讀者而言，要一條一條針對這些條文加以理解和記憶實在是相當艱苦的事，所以我就簡單解釋一下這第二條吧！它的意思說穿了就是：「與美國本土相連的大陸棚，全都是屬於美國所有，第三國不得任意開發與調查。」

第二次世界大戰後的新海洋秩序，就這樣在美國的主導下逐漸成形。

新的大陸棚定義——聯合國海洋法公約

在《大陸棚公約》通過約二十年後的一九七〇年代下半葉，關於大陸棚的定義日益進化且複雜。一九八二年四月三十日，在加勒比海島國牙買加的城市蒙特哥貝通過了《聯合國海洋法公約》（United Nations Convention on the Law of the Sea, UNCLOS），關於大陸棚的新定義也自此誕生。

這項公約在一九八二年通過、並於一九九四年生效，日本也在一九九六年批准、公布了這項公約。它被稱為「海洋憲法」，是日內瓦海洋法四公約的集大成，同時也是一份為現今海洋秩序建立起大致架構，堪稱劃時代的公約。這項公約對領海、鄰接區、經濟海域、大陸棚、公海、深海底等，都做出了國際性的規範。日本外務省將它評價為「足以確立有關海洋的安定法律秩序」，並表示「對身為世界主要海洋國家的我國而言，這項公約確保了我國的海洋權益，並為在海洋順利展開各種活動奠下了基礎」，對其大表支持。（外務省資料，〈海洋的國際法秩序與聯合國海洋法公約〉〔海洋の国際法秩序と国連海洋法条約〕，二〇一八年六月二十五日）

就像這樣，日本接納了這份公約，並且堅守「在公約之下維護海洋秩序」的立場。然而很遺憾的是，和日本擁有堅定同盟關係的美國並沒有參與締約。說到底，美國認為在《大陸棚公約》中，已經採納了他們主張大陸棚領有權的意見，那麼在海洋法公約中，也應該充分反映美國的見解才對。有關大陸棚的定義就是最好的案例；美國因為反對公約中有關深海底的條文（見後述），因此不願意參與公約的締結。

在通過本公約的同時，聯合國也在一九八二年，將一九五八年設立的專門機構——政府間海事諮詢組織（ＩＭＣＯ），改名為「國際海事組織」（International Maritime Organization, IMO）重新出發。ＩＭＯ（總部設在倫敦）是針對船舶安全及海洋汙染等海事問題，以促進國際合作為目標而成立的組織。

發想的轉換——從「深度」變更為「距離」

透過海洋法公約，關於大陸棚的見解獲得重大修正，也誕生了新的定義。一直以來對於大陸棚，都是以「深度」來測定，但現在則是以從沿岸通往近海的海底「距離」來衡量：

「沿海國的大陸棚包括其領海以外依其陸地領土的全部自然延伸，擴展到大陸邊外緣的海底區域的海床和底土，如果從測算領海寬度的基線量起到大陸邊外緣的距離不到二百海里，則擴展到二百海里的距離。」（公約第六部「大陸棚」，第七十六條「大陸棚的定義」第一項）

根據海洋法公約通過的新定義，以海岸線為基準起算兩百海里，或者是滿足公約所訂條件下、達到最大三百五十海里為止的海底，都算是大陸棚。以前的《大陸棚公約》，是以水深兩百公尺（甚至是到可能開發的深度為止）為基準，因此這可說是一個發想上的大轉換。

以下羅列出新的大陸棚定義：（一）從海岸（基準線）起算兩百海里為止的海床為大陸棚，底下的底土也算在大陸棚之列；（二）大陸棚不含領海十二海里；領海的海底屬於領土的一部分。從領海之外直到兩百海里為止，才是大陸棚的指涉對象。（三）當大陸棚邊緣延伸超過兩百海里的時候，由大陸棚界限委員會認定，以最大範圍三百五十海里為大陸棚的界限。

大陸棚的範圍，是由稱為「大陸邊緣」（continental margin）的海底所構成。大陸邊緣又可分成三個區域：大陸棚、大陸坡（continental slope）以及大陸緣積（continental rise，指大陸坡底部的平緩斜坡）。會招致混亂的是，在大陸邊緣這個區域中，還有一個稱為「大陸棚」的地方。一直以來，我們都是從陸地來掌握大陸邊緣，但這樣會很難理解大陸棚的用語；然而，反過來從海底觀看大陸棚的話，最底下是隆起（緣積／rise）、再上去是坡（slope）、最後頂端是平坦的棚（shelf）；和深海底接觸的大陸棚界限，就是其最邊緣，從這裡往上仰望，就是陸地——這樣就比較容易理解了。

嶄新的海洋革命與美國的反彈——深海底的提倡

美國直到現在為止都沒有簽署海洋法公約，之所以如此，最大的理由是因為對俗稱「深海底」的深海底部資源開發方式抱持著反對的態度。深海底蘊藏著稀有金屬與稀土元素等珍貴資源，而依照蘊含狀況與形態又可分為「錳結核」、「富鈷結殼」和「海底熱水礦床」等類型。正因海洋法公約中詳列了深海底管理和開發的條目，所以美國才會拒絕簽署。

雖然眾人都稱海洋法公約為「海洋憲法」，但美國的保守勢力卻將它簡寫成「LOST（Law of the Sea Treaty）」，對之大加揶揄嘲諷。之所以如此，是因為美國保守派認為，自己對資源開發的「自由」遭到了剝奪，他們的強硬態度，由此可見一斑。

海洋法公約規定，「深海底及其資源」是「人類共同的財產」（第一三六條），禁止特定國家對之領有、管理與開發。所謂深海底，指的是位在沿岸國的大陸棚外側，不屬於任何國家管轄權所及的海底及其底下的底土。又，在海洋法公約中，「深海底」是以英文字「the area」[3]來表達。

由於有關深海底的項目明顯反映了發展中國家的利益、完全無視美國的國家利益，所以美國才對這項公約大表拒絕。美國期望的是用自己發展的技術對世界的海底「自由」進行開發。他們強烈認為，有技術能力的國家，就應該具有開發的權利；而對這種美式想法正面進行挑戰的，就是資本力和技術力都較差的發展中國家。

一九六七年十一月，馬爾他駐聯合國大使帕爾特（Arvid Pardo）在聯合國大會進行演說，提倡深海底應被指定為人類共同遺產。帕爾特演說的背景，是基於以美國為首的先進工業國，很有可能會挾資本力與技術力對全球的海底進行開發，從而對深海底進行實質分割與領有，最後將之利用在軍事用途上。他的演說為發展中國家主導的嶄新海洋革命開啟了先聲。

帕爾特的演說獲得了眾多發展中國家的稱讚。一九七〇年聯合國大會決議，要將深海底納入制度規範中，同時還附加但書，要求直到設立國際性機構為止，對深海底的開發都應當加以節制。這是一種從欠缺資本與技術力的發展中國家立場出發，希望利用聯合國機制動員世界各地的資本與技術，為人類的未來（當然也是發展中國家的未來）活用深海底的構想。又，根據當時代表日本政府參與聯合國大會的小田滋在回憶錄（見前述）中所說，他本人原本想要發表的論點，也已經反映在帕爾特的演說當中了。

資源民族主義與國際經濟新秩序——朝海洋法公約成立邁進

時序進入一九七〇年代後，隨著國際經濟新秩序（New International Economic Order,

3　譯註：亦有中譯為「區域」的用法。

NIEO）的興起，發展中國家開始提出資源民族主義的主張；帕爾特的提議正好和這股世界潮流彼此吻合，因此對聯合國海洋法公約的修訂作業產生了重大的影響。在石油危機與資源民族主義的漩渦中，帕爾特提議將其所反映、具有象徵意義的發展中國家利益，帶進了海洋法公約當中。因此，它同時也是那個對先進國壟斷資源開發深感反彈的發展中國家，受到資源民族主義鼓舞的時代投影。

聯合國在一九七四年，為了討論資源問題召開了第六次特別大會——「聯合國資源特別大會」。會中以合意的方式，通過了《建立國際新經濟秩序宣言》（決議三二〇一號）及其行動綱領（決議三二〇二號）。通常聯合國大會對決議案採取的是投票表決方式，但常會發生對細節的認知不一致，導致決議無法通過的狀況。於是，為了避免贊成大綱但反對細目和條文，從而使得決議不成立的狀況，聯合國想出了另一個辦法，那就是當大家都贊成決議案的主旨時，主席可以提案讓這個決議以「合意」的方式通過。

提議召開這個劃時代的資源特別大會者，是當時擔任不結盟運動與阿拉伯石油輸出國組織（OAPEC）主席的阿爾及利亞。該國的提議成功獲得了聯合國會員國過半數支持，從而促成了這場首次以經濟問題為主軸的特別大會（雖然是第六次特別大會，卻是第一次專門處理經濟問題的特別大會）。

石油危機的爆發

就在這樣的背景下，大會召開前一年（一九七三年）十月六日爆發了第四次中東戰爭[4]，讓世界經濟陷入一片大混亂。為了爭奪西奈半島等地的控制權，埃及和敘利亞兩國對敵國以色列發動奇襲攻擊，戰爭隨即爆發。一開始以色列的不敗神話遭到打破，戰事朝著對敘埃聯軍有利的方向發展，但之後以色列軍捲土重來，雙方最後在十月二十三日停戰。

阿拉伯產油國為了支持埃及和敘利亞展開了石油戰略，ＯＡＰＥＣ表示將對支持以色列的國家禁運石油，石油輸出國家組織（ＯＰＥＣ）也宣布提高原油價格四倍。此舉引發了石油危機，一瞬間世界經濟陷入前所未有的混亂。這是阿拉伯產油國初次認識到，可以將對先

4　編註：又名贖罪日戰爭，發生於一九七三年十月六日至二十六日之間，以色列一度戰情告急，幸最後能守住。

進國家的能源輸出當成武器。

在主要產業幾乎都得仰賴石油的日本與歐美諸國，由於預期原油的進口銳減與價格高漲，幾乎所有商品的價格全都急速狂漲，就連超級市場架上的大部分商品也都被搶購一空。在這片世界經濟的混亂中，不產石油的發展中國家，受到的影響尤其深刻。

眼見世界經濟陷入一團混沌，發展中國家紛紛湧現聲浪，要求修正由先進國主導的國際經濟架構。他們所要求的變革，主要是希望修正自己與先進國之間的經濟關係形式，這些要求包括了：保持自己對領土內天然資源的主權；重新修正在先進國企業主導下，對發展中國家商品的定價；原油生產國卡特爾[5]的合法化；先進國應開放市場給發展中國家；對歐美跨國企業強化規範；先進國應強化給發展中國家的優惠待遇等。

帕爾特的深海底提案正符合了渴望樹立國際新經濟秩序的發展中國家的心意，因此對這些掌握足以左右聯大決議票數的國家而言，乃是絕佳的王牌。關於深海底的聯大決議，之後也反映在海洋法公約當中，但付出的代價相當之大。正如前述，君臨世界的超大國——英國和美國，明白反對詳載了深海底規範的海洋法公約，從而拒絕在公約上簽字。

就這樣，在得不到英美大國的同意，而資源民族主義又持續高漲的情況下，一九八二年海洋法公約正式上路，新的海洋秩序也於焉誕生。在依循多數決規則，使得發展中國家擁有影響力的聯合國內，經常會出現不按美國意思行事的情況，海洋法公約就是當中這樣一個例子。

美國的海洋宣言——兩百海里經濟海域（EEZ）

美國在決定不參加海洋法公約締約的同時，也在一九八三年三月十日發表了自己的海洋政策。這份由雷根總統（一九八一年至一九八九年在任）所發表的政策，是由一篇宣言與一篇聲明所構成；雷根在這天同時發表了這兩篇文告。共和黨籍的雷根，原本是好萊塢的電影明星，後來出任加州州長，然後又在總統大選中勝出，成為美國第四十任總統。

雷根在這篇「總統宣言五〇三〇號——美國的經濟海域」（Proclamation 5030--Exclusive Economic Zone of the United States of America）中，宣告了從美國沿岸往近海兩百海里的水

5 編註：carrel，在寡佔市場中，產業內的同業間進行橫向式的合作，採取一致性的策略，如聯合訂價、生產限制、分配產量等手段，以避免相互間激烈的競爭，而可增加利潤，但卡特爾也會扭曲市場的有效運作。

域，只要是「和領海相連的水域」，都屬於美國的經濟海域（EEZ）。在宣言的開頭，雷根表示會尊重既有的「國際法」，尋求對海洋「明智的開發與利用」。同時也指出，經濟海域是「國際法」所認可的事項。按照「國際法」，沿岸國擁有「對天然資源行使管轄權與主權上權利」的資格，因此美國依循「國際法」所賦予的權利，宣布擁有兩百海里的經濟海域。

這裡提及的「國際法」，明顯是指海洋法公約，但很怪異的是，在宣言中卻不明白指出公約的名字，只是用抽象的「國際法」三字來帶過；之所以這樣做，其實也是對詳盡規範深海底的海洋法公約表現出的一種強烈反彈。

雷根在宣言中闡明，之所以制定兩百海里經濟海域，是為了「促進海洋資源開發，並推動海洋環境的保護」，從而主張美國對兩百海里的水域擁有「主權上權利與管轄權」。在地理上，其範圍適用於美國本土、波多黎各以及北馬里亞納群島，以這些地方的沿岸為基準線，往近海擴充兩百海里。

「主權上權利」這句話，在美國和英國行使影響力的《大陸棚公約》（一九五八年）也有出現；大凡獲得新的領土或領海就會產生「主權」，但這裡用「主權上權利」來表現，其實相當曖昧。簡單說，沿岸國在新水域的經濟權利，就稱為「主權上權利」。

另一方面，「管轄權」則如前述，是一九四五年杜魯門宣言中使用的政治用語，也是為了應付國會而採取的手段。如果要宣布新領土與領海，就必須經過國會的立法議決，於是為了繞過議會審議的過程就創出了「管轄權」這個詞。過去杜魯門採用的政治手法在經過四十年之後，再次被雷根所採用。

就這樣，美國以「宣言」（proclamation）的方式，宣告了自己的新經濟權益——兩百海里經濟海域；而雷根同時也以「聲明」的形式，發表了美國的基本海洋政策。

雷根的海洋政策

美國在決定不簽署海洋法公約的同時，一方面發表了有關經濟海域的雷根宣言，另一方面也發表了關於基本海洋政策的總統聲明。雷根總統在一九八三年三月十日發表了「關於合眾國海洋政策之聲明」（Statement on United States Oceans Policy），這項聲明直到現在仍是美國海洋政策最基本的框架。

以下列舉出這份海洋政策聲明中的要點：（一）美國會在整飭海洋的「習慣法」方

面，扮演指導的角色；（二）美國支持「（海洋）法律秩序的整飭」；（三）美國已經在一九八二年七月宣布不會參與海洋法公約的締約。之所以如此，是因為美國認為該公約中有關深海底礦物資源開發的條款，「違反了工業國家的利益與原則」；（四）美國會要求海洋的傳統運用方式，亦即航行與上空通過的自由；（五）美國設定「沿岸兩百海里」為「經濟海域」，並對該領域內的天然資源行使「主權上權利」；（六）不管任何國家，都可以把經濟海域當成公海的一部分加以運用，但有關天然資源者除外（筆者註：也就是說可以航行和從上空通過，但不得進行海洋開發）；（七）關於經濟海域內的海洋保護，美國將會和聯合國的專屬機關——國際海事組織（IMO）攜手合作；（八）針對「超乎國家管轄權」的深海底礦物資源開發，美國為了「排除不必要的政治經濟限制」，將會整飭「相關體系」（regime），並持續與有關各國攜手合作。（筆者註：意思是不認可海洋法公約中規定的「國際海底機構」，但會就深海底議題進行協議。）

如果用不讓人誤解的方式清楚表現的話，那美國的海洋政策一言以蔽之，就是「除了深海底條款外，接受聯合國海洋法公約的框架約束，同時也尊重有關海洋的國際習慣法傳統」。雖然有點粗略，不過可以將這些政策再彙整成以下幾個要點：（一）領海十二海里；（二）

鄰接區二十四海里；（三）經濟海域兩百海里；（四）大陸棚兩百海里；（五）大陸棚的延伸部分，由美國自行調查決定（但尊重海洋法公約規定的大陸棚界限調查委員會判斷）；（六）自由進行深海底開發。

透過發表這篇關於海洋政策的「聲明」，雷根明白表示，美國並不是要與國際社會對峙，而是充分理解到海洋法公約的精神與架構，只是不能認同有關深海底開發必須設立國際海底機構這一點。

回顧雷根以後的諸位美國總統，包括共和黨的老布希、民主黨的柯林頓、共和黨的小布希、民主黨的歐巴馬，以及共和黨的川普，在美國的海洋政策上都承襲了雷根的「宣言」與「聲明」。

當然，歷屆政權也不是對雷根的海洋政策全無異議，比方說歐巴馬就曾經要求參議院認可海洋法公約，但是在共和黨保守派議員的抵抗下，美國加盟海洋法公約一事至今依然懸而未決。

為了讓英美加盟而下的工夫——聯合國海洋法公約的修正

理解到英美等海洋強權對深海底條款的排拒態度，聯合國也展開了海洋法公約的修正作業。一九九四年七月，聯合國大會通過了「關於執行一九八二年十二月十日《聯合國海洋法公約》第十一部分的協定」（A/RES/48/263），簡稱為「實施協定」。雖然不修正公約本文，只是通過「實施協定」，但實際上是對公約做了修正。

從美國的立場來看，公約中關於深海底的條款侵犯了「海洋的自由」，而從社會主義觀點出發，認定深海底乃是「人類」所共有的看法，說到底是無法接受的。於是，為了打消美國的疑慮，聯合國大會通過了這項「實施協定」。

在這份協定中，出現了「期待所有國家都能參加」的「普遍參加」字樣，這句敦促英美參加的文句顯得格外醒目。協定也進一步闡述，是為了「深海底資源」的開發而提議設立「相關體系」，並且要以締約國的合作為前提進行資源開發，換言之，即是否定了由專門機構進行壟斷性管理的可能性。由於「相關體系」這個詞也出現在雷根的海洋政策裡，因此可以視為是顧慮到美國所以才加進這個詞彙；從這裡也可以看出，這份協定是為了讓英美等海洋強權加盟而有意為之的產物。另一方面，為求專門機構權限縮小與組織效率化，在協定中也明白列出要將「市場經濟原則」引進深海底開發當中。

就這樣，聯合國轄下管理深海底的專門機構——「國際海底管理局」（International Seabed Authority, ISA）於一九九四年十一月成立，辦公室設在牙買加的首都金斯敦。在海洋法公約中，明記著海底管理機構的辦公室應設在牙買加（第一五六條）。該機構的目的，是對深海底的礦物資源實施管理，同時也對深海底的各項活動進行組織與管理。

聯合國這一連串的動作，讓先進國家的疑慮逐漸消弭；英國終於在一九九七年七月提出加盟聲請書，並在第二年八月正式成為締約國。可是美國依然緊閉門扉，不願參與。

作為聯合國新設立的官僚機構，按照構想，負責「國際海底管理局」的成員可以針對資源開發進行立案、實施，也可以針對資源開發徵收一定金額。雖然經過了「實施協定」，對這些項目已經做了改善，但美國的保守派還是很難接受這種做法。也有人表示不該簽訂多國協定，而應該締結以美國為中心的雙邊協定才對。畢竟美國既不是國際海底管理局的創立國，也沒有繳納共同基金。

這個國際機構主要的基金提供者之一就是日本。毫無疑問，日本是認知到國際機構的重要性，並且察覺到世界大勢乃是趨向於建立起一套關於海洋，「依法行政」的秩序，所以才這樣做的。作為法治國家，在利益相衝突的國際社會中生存下去的處世之道，日本在外交方面扮演了很重要的角色。

由美國支撐起來的海洋秩序

由於少掉英美等海洋強權，聯合國建立起來的海洋秩序就缺少實效性，因此聯合國才要試著用「實施協定」這種抄小路的方式來打消美國的疑慮。然而，儘管聯合國已經為美國鋪好了加盟海洋法公約的道路，但美國的加盟卻至今仍無法實現。

也因為美國並未加盟海洋法公約這一事實，就算美國針對中國的跨足海洋、高唱「依法行政」，中國也會反詰美國說，「你們自己也沒有受到海洋法公約『依法行政』的管制」，從而使美國陷入難以自辯的窘境。

不管怎麼說，要讓海洋法公約具備「依法行政」的實效性，從而擔負起維持海洋秩序的機能，美國及其西方盟友的軍事力都是不可或缺的擔保。我們也不能忘記，現實的情況是，正因為美國的軍力可以投射到世界各地，海洋法公約才會受到尊重。

「依法行政」要有效，不只是仰賴簽署條約的加盟國的意志，美國與其西方盟友的軍事力也起了很大的作用，這是我們絕不可忘記的。

「世界警察」——原點始自杜魯門時代

第二次世界大戰結束後，綜觀海內外，已經沒有任何一個國家足以挑戰美國的海軍優勢。當然不只是海軍，就算是陸軍、空軍、海軍陸戰隊等領域，美國也都是處於壓倒性的軍事大國地位。正因為這樣，他們遂產生出一種價值觀，那就是確保世界三大洋（大西洋、太平洋、印度洋）的制海權，與美國的和平、乃至於世界和平彼此是緊密相連的。

由於已經沒有足以挑戰美國的海軍國家，因此對於大規模航艦戰鬥群的運用，一時之間疑問之聲四起。但隨著韓戰的爆發（一九五〇年），航艦的價值再次獲得了重新評價。大家理解到在像是仁川登陸戰等區域性戰事中，航艦是極其有效的戰鬥手段，於是美國又斷然開始興建新的大型航空母艦。同時，他們也再次認識到海軍陸戰隊的重要性。第二次世界大戰後，各國都相當重視核武與戰略轟炸機之發展，於是海軍也陸續建造了配備核子彈道飛彈的核動力潛艦，以及核動力航艦。

在大戰後荒廢的歐洲與亞洲大陸面前，美國肩上擔負起一個新的使命，那就是「世界警察」。關於這點，我想再次把指針撥回到杜魯門的時代來確認其原點。

杜魯門在一九四七年三月十二日於美國國會的演說中，明白指出要和以蘇聯為首的共產勢力對決。美國將自己定位為自由民主陣營的盟主，而讓共產主義蔓延到世界的蘇聯，則是再清楚不過的敵人。在這場演說中，杜魯門嚴厲批判蘇聯，稱之為極權國家。

對美國人來說，憧憬的對象歐洲遭到悽慘的破壞，過往的樣貌全然不復存在，必定會感到深深的失落與沮喪感吧！結果，美國認識到自己作為世界霸權國家的使命，開始展開對自我的期許；他們明確意識到自己要繼承英國過去扮演的霸權國家角色，並下定決心一定要達成這點。

戰勝國蘇聯對戰略要衝的希臘與土耳其滲透其影響力，讓美國產生了危機感，擔心這兩國會不會被蘇聯所控制，從而變成共產國家。於是在這種新威脅面前，杜魯門為了支援希臘和土耳其，向國會要求提供四億美金的援助，這就是所謂的「杜魯門主義」。

觀看當時的記錄片，傾聽杜魯門毫不妥協的強力演說，我們可以清楚感受到，「杜魯門主義」是美國在捨棄孤立主義、決心對歐洲乃至世界負起重責大任的信念下，所擬就出來的產物。杜魯門反覆提及希臘，並用堅強的語氣連續呼喊，可以察覺他的著力點全都放在支援希臘上。

杜魯門在演說中，以單純明快的善惡二元論（善＝美國，惡＝蘇聯）方式，將戰後的世界二分為自由與極權兩個圈子，前者以美國為盟主，後者則由蘇聯所主導。簡單整理他的演說內容，他所強調的是：美蘇對決是善與惡、自由與專制、民主主義與極權主義、資本主義與共產主義的對比關係，同時他也力陳，戰後的世界已經瀕臨危機。

杜魯門主義單純明快的主張，對國民極具說服力。它在外交和國防安全政策上提供了嶄新的方向性，歌頌和共產極權主義的對決，於是遂成為美國冷戰政策的核心。也就在這種情況下，美國開始步上「世界警察」之路。

美國從十九世紀初期以來，就一直持續著門羅主義的傳統孤立政策，但杜魯門卻將這項美國一百二十年來不斷堅守的外交原則，漂亮地給顛覆掉。這是一份宣布美國「為了守護自由主義世界，將會積極參與世界各地的問題」，堪稱外交革命的宣言。

馬歇爾計畫與美國的霸權

不只是英國，包括德國、法國以及歐陸其他化為戰場的國家無一例外，全都面臨著饑饉的襲擊。糧食缺乏、營養失調四處蔓延，歐洲大陸百物皆缺。農業和酪農業徹底瓦解，工業產品的製造能力也幾乎是絕望。於是，美國為了在經濟上支援歐洲各國，準備了馬歇爾計畫，而「美利堅和平」（Pax Americana）的時代也於焉到來。

馬歇爾計畫是美國國務卿馬歇爾於一九四七年提倡的歐洲復興計畫，並以這位首倡者的名字為名。馬歇爾原本是陸軍將官，在第二次世界大戰期間，他擔任陸軍參謀長，負起戰爭執行的重責大任，戰後則被杜魯門政權拔擢為國務卿（一九四七年至一九四九年在任），之後又借重他的才能，讓他出任國防部長（一九五〇年至一九五一年），是一位出身行伍的政治家。一九四七年六月五日，馬歇爾在哈佛大學一萬五千名聽眾面前，力陳歐洲復興計畫的必要性；第二年產生出來的成果，就是馬歇爾計畫。

美國在一九四八年開始的四年間，耗費了一百二十億到一百三十億美元，讓歐洲的復興邁上正軌。它原本的目的是要讓歐洲經濟回復到第二次世界大戰前的水準，但接受馬歇爾計畫援助的西歐各國在這四年間成就了急遽的復興，甚至達到了超越戰前水準百分之十五的高速經濟成長。而馬歇爾也因為致力歐洲復興的功績，在一九五三年獲頒諾貝爾和平獎。

引領世界的新霸權國家——美國，在政治架構上打出了杜魯門主義，在經濟架構上則實施馬歇爾計畫。回顧整個杜魯門時代，美國寄予重大關切，且必須扮演重要角色的領域其實相當之多。就算只是大致翻閱年表，帳面上也是滿滿的各重要大事記。

一九四五年第二次世界大戰結束，聯合國創設、國際復興開發銀行（ＩＢＲＤ）成立、國際貨幣基金會（ＩＭＦ）成立、杜魯門宣言發表；一九四六年第一次越戰爆發[6]；一九四七年杜魯門主義發表、美洲國家間互助條約（里約熱內盧條約）簽署；一九四八年馬歇爾計畫展開，布魯塞爾條約（西歐同盟條約，旨在反共與阻止德國重新武裝）締約、美洲國家組織（ＯＡＳ）成立、蘇聯展開柏林封鎖。

接著在一九四九年，北大西洋公約組織（ＮＡＴＯ）成立、德國分裂為東西德、中華人民共和國誕生；一九五〇年韓戰爆發；一九五一年太平洋安全保障條約（ＡＮＺＵＳ）締

6 編註：胡志明所帶領的越盟對上法國。

約、舊金山和會召開、美日安保條約締約。

就算只看這些事件，也可以了解世界情勢的變化堪稱目不暇給；而這種連絲毫喘息空間都沒有的變化，美國全都得因應不可。也就在這個動盪的世界中，美國下定決心，正面挑戰新世界秩序的形成，並積極參與其間。

作為大國掌握世界霸權這件事看起來相當偉大，但其實也要背負著相當沉重的政治責任與經濟負擔。想想這種責任與負擔的沉重，就覺得霸權國家的壽命不可能永遠持續下去。

當美蘇冷戰結束、蘇聯從內部瓦解誕生出俄羅斯後，看似世界上已經沒有足以挑戰美國的國家。但事情並非如此單純。二〇〇一年九月十一日發生大規模恐怖攻擊事件（九一一事件）以來，國際反恐戰爭迎來嶄新的局面，基地組織和伊斯蘭激進派組織「伊斯蘭國」（IS）等非國家組織一躍成為敵人。接著更有中國以大國之姿崛起（詳後述），在在逼使美國必須重新定義其國家安全政策。

海洋秩序的支柱：美國的軍事力

回顧從杜魯門到川普的歷屆政府，負責三大洋（大西洋、太平洋、印度洋）安全保障的都是美軍；事實上除了這三大洋以外，地中海和波斯灣也在範圍之中。

走筆至此，讓我們概觀一下「世界警察」現在的規模。根據美國國防部的資料（二〇一九年三月底），美軍整體包括了兩百一十五萬名軍人，以及七十三萬名文職人員，合計約兩百八十八萬人，就像國防部所明白表示那樣，他們本身就是「美國最大的僱主」。中國的人民解放軍約兩百萬人，在軍人數量上堪與美軍相抗衡，可是從整體戰力來看，美國明顯居於優勢，甚至可以說兩國之間有著極大落差。

派駐海外美軍的強化與縮減，乃至於撤退與重編，常常反映了當時的內外情勢。每當政權輪替的時候，也總會成為重大話題，但和海洋安全保障有直接連結的海軍與海軍陸戰隊，總會配置在重要的戰區當中。當然，像越戰或阿富汗戰爭這種區域性戰爭發生的時候，特定戰區的軍隊規模也會產生重大的變動。

美國現在將世界分為六個區域分別部署軍隊。這六個區域當中的軍隊，是由海軍、海軍陸戰隊、陸軍、空軍聯合編組而成，海岸防衛隊則視情況也會加入特定的區域。

以下列舉出這六個區域：（一）印太司令部（USINDOPACOM，負責亞洲太平洋、印度洋方面）；（二）中央司令部（USCENTCOM，負責中東、中亞地區）；（三）北方司令部（USNORTHCOM，負責北美地區）；（四）南方司令部（USSOUTHCOM，負責中南美地區）；（五）歐洲司令部（USEUCOM，負責歐洲地區）；（六）非洲司令部（USAFRICOM，負責非洲地區）。

在這六個區域中，大約有七百座基地與相關設施。根據國防部的《基地構成報告》二〇一八會計年度版（Base Structure Report –Fiscal Year 2018 Baseline），美國在海外超過四十個國家設有基地和設施，其中最多的三個國家分別是：德國一百九十四處、日本一百二十一處、韓國八十三處。

正因為美軍在世界各地的部署，現在的海洋秩序才得以維持，這種說法絕非言過其實。美軍的存在極其受到關注，因此也必然會惹出問題，但從海洋秩序的角度來看，若說「航行自由」是靠什麼才得以維持，那答案必然就是作為「世界警察」的美軍。

只是，美軍似乎有明顯要放棄「世界警察」角色的傾向。單單從亞洲來看，美軍先前在越戰中敗北，並於一九七三年撤出越南後，周邊的海域一時出現了小小的「權力真空」；一九七四年，中國以武力入侵西沙群島，但因為美軍仍持續駐紮在菲律賓，所以南海並沒有發生大規模的所謂「權力真空」。

接下來美國在一九九一到九二年間，關閉了菲律賓的克拉克空軍基地與蘇比克灣海軍基地，從當地撤退，南海遂產生了重大的「權力真空」；中國趁著這個空檔，積極踏足南海，在當地建設人工島。歐巴馬總統於二〇〇九年，因為裁撤核武的功績而獲得諾貝爾和平獎，但單從亞洲方面來看，他放任中國軍隊南進，結果使得南

1980年代的菲律賓蘇比克灣，當年這裡是美國進出東南亞的重要海軍基地。

海的緊張情勢日益升高。歐巴馬之後重新調整了美國的世界戰略，打出重視亞洲和太平洋的「再平衡政策」。但諷刺的是，他的作為反而使得中國的存在感更加巨大化。川普總統在二〇一九年，多艘商船（包括一艘和日本有關的船隻）在荷姆茲海峽周邊海域遭到攻擊的時候，也表示美國不能再充當「世界警察」。換言之，美國已經不打算單獨守護「航行的自由」。

在接下來的第五章中，我會以南海產生重大「權力真空」，中國單方面宣布南沙與南海諸島為中國固有領土，並通過《領海法》為例，針對中國對現今海洋秩序與國際規則的挑戰加以檢討。

第五章　挑戰國際海洋秩序的中國

國際社會耗費超過三十年歲月，歷經千辛萬苦，終於誕生出屬於海洋的國際規範《聯合國海洋法公約》（一九八二年成立，一九九四年生效），但中國卻對此擺出一副挑戰的態度。

中國竭盡所能想成為國際社會的一員，因此在一九九六年批准了海洋法公約，但在批准的四年前，他們已經制定了屬於國內法的《領海法》（一九九二年二月生效）。

中國的領海法一方面表示尊重海洋法公約，另一方面卻又明文表示自己不受這項公約所束縛。簡單說，這項法案是拉起一條預防線，好讓中國能在不全面接受海洋法公約的意志下遂行屬於自己的海洋戰略。

本章就聚焦在這部領海法，透過談論中國海洋政策誕生的背景及其真實狀況來作為國際關係的借鏡。這部領海法，正反映了中國在地緣政治學上的想法。

什麼是《領海法》？

《領海法》的正式名稱是《中華人民共和國領海及毗連區法》（以下簡稱領海法）。這項法案是在一九九二年二月二十五日，由第二十四屆全國人民代表大會（全人代）常務委員會通過，並由國家主席楊尚昆即日公布施行。《人民日報》與中國媒體在第二天（二十六日）刊載了《領海法》的全文（共十七條）。

要理解中國的《領海法》，必須具備政治的相關視野。儘管中國直到現在為止，制定了很多和海洋相關的法律，但在這當中，《領海法》仍舊是最重要的國內法。《領海法》在第一條中，首度明載了「國家安全」與「海洋權益」字樣，是中國有關海洋的第一部法律；而領海法在優先順位上，也比作為國際規則的海洋法公約要來得高。

首先，領海法在第一條中規定，「為行使中華人民共和國對領海的主權和對毗連區[1]的管制權[2]，維護國家安全和海洋權益，制定本法。」換言之，它明確定出了這項法律的目的，是在追求並確保「國家安全」與「海洋權益」。

不只如此，在《領海法》規定「維護海洋權益」的同時，完全沒有提及什麼叫海洋權益。之所以如此，是因為中國政府會隨著時代變化，時時針對「國家安全」的定義以及「海洋權益」做出以自己為中心的判斷。因此拿著這項規定，中國政府在牽涉海洋問題的事務上，就可以享有自由裁量權。

承繼第一條，《領海法》接著在第二條列舉出構成領海的「陸地領土」；在這當中不只規定日本的尖閣群島（釣魚台列島）為中國所有，也宣稱南海全境都為中國領土。以這項規定為後盾，中國得以四處派遣「中國海警局」（海警）等公務船和人民解放軍前往周邊各國海域宣稱那些海域是中國的領海。

在日本，若是加盟國際條約，就必須整飭國內法，好讓兩者在法律體系上沒有扞格不入之處；但中國在制定《領海法》之後，又制定了《中華人民共和國專屬經濟區和大陸架法》

1 譯註：與本書前述的「鄰接區」相同。
2 譯註：與本書前述的「管轄權」相同。

（一九九八年六月）、《無居民海島保護與利用管理規定》（二〇〇三年七月）、《中華人民共和國海島保護法》（二〇〇九年十二月），竭盡所能擴大對海洋權益的追求。

以下將以盡可能平易近人的方式來檢討《領海法》究竟如何挑戰國際規則，但因為筆者在閱讀中文一手資料上力有未逮，所以只能仰賴日語和英語的文獻。在《領海法》的日譯方面，我依據的是中國綜合研究所編輯委員會編纂的《現行中華人民共和國六法》。

中國的領海法有以下三點，明示其抗拒國際海洋規則，並且不願接受這種規則束縛之處：第一，中國單方面宣稱周遭海域的島嶼全都屬其所有；第二，中國禁止外國的「軍用船舶」（軍艦等）在該海域進行「無害通航」，通航必須向中國政府請求事前許可；第三，它把領海和鄰接區視為一體，並明記為了解決海洋問題，可以出動人民解放軍。接下來關於這三點，我們就來做更詳盡的檢討。

周邊海域的領土化

首先第一點，中國單方面宣稱周遭的島嶼全都屬於他們所有，不管周邊國家是不是實際控制著這些島嶼。總之這些地方就是中國的土地，比方說日本的尖閣群島，就是一個好例子。

接著在南海，中國將渴望領有的島嶼加以群體化後，把南海星羅棋布的島嶼在地圖上連結起來，形成名為「九段線」的非正式國界線，並且在中國製的地圖上印刷出來，宣稱這些島嶼連結圍繞起來的海域全都屬於中國領海。

不只如此，在中國出版

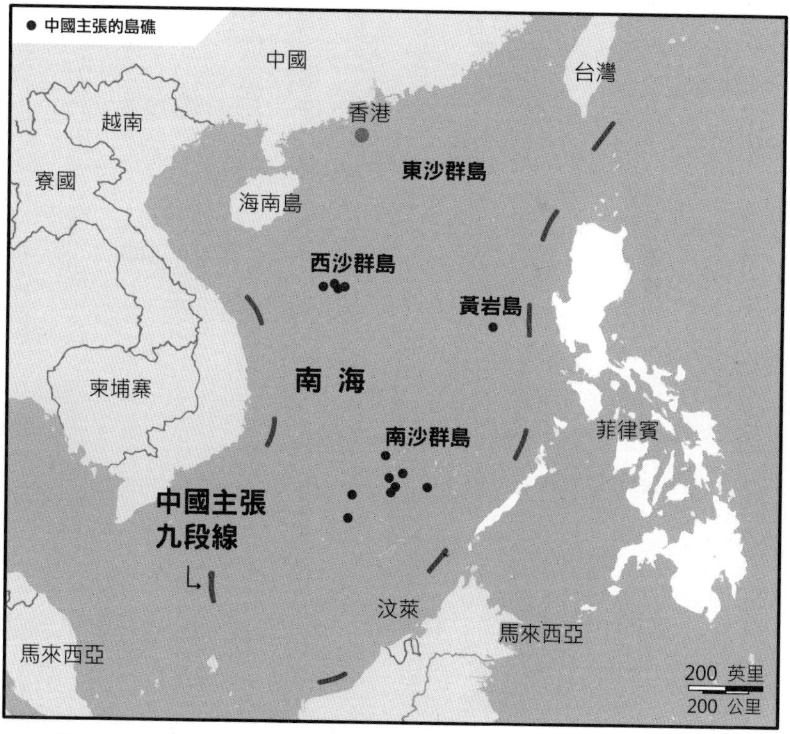

中國對南海的九段線主張以及領海島礁主權的伸張。 製圖／蔡懿亭

的地圖上，九段線的位置也有若干差異，由此也可看出他們對於國境線意識的薄弱。日本出版的地圖都以追求嚴密為要務，但在中國不是這樣，只是政治期望的投影。

《領海法》第二條明確宣稱了構成領海的「陸地領土」；可是在這當中並沒有具體的個別名稱，只是以極其曖昧的方式來加以表現。所謂「陸地領土」以「中華人民共和國大陸及其沿海島嶼」為前提，列舉了以下這些島嶼：（一）台灣及包含釣魚台在內的附屬各島（尖閣群島）；（二）澎湖群島；（三）東沙群島；（四）西沙群島；（五）中沙群島；（六）南沙群島，及其他一切屬於中華人民共和國的島嶼。

就像這樣，《領海法》宣稱中國周邊存在的島嶼全都屬於中國所有。儘管他們對這些島嶼都不曾實質控制，但當這部法律制定之後，他們就很理直氣壯地宣稱自己領有周邊海域的正當性。不只如此，就連日本的尖閣群島與菲律賓實際控制、位在南海的黃岩島也都算是中國領土。

至於在南沙群島方面，《領海法》並沒有提出具體的島或岩礁名稱，只有明記「稱為南沙群島的海域內各島，皆屬於中國所有」；可是法律一旦制定出來，這項條文便開始自行其是。

在《領海法》制定十到二十年的這個階段，中國藉著《領海法》，宣稱自己擁有南沙所有的島嶼，並透過製造人工島的方式把礁岩改造成島，賦予它們島嶼的名稱，從而歸結到「領海擴大」的結果。藉由這種手法，中國達成了將南海幾乎全部納入中國領土的現狀。在這方面，他們又與「九段線」的主張配合，聲稱中國在歷史上早就擁有南海主權。

在《領海法》施行經過二十年的二〇一二年六月，中國在海南省設置了管轄西沙、南沙、中沙三群島的新行政單位。三沙市的治所位在「西沙群島永興島北京路一號」，實際就只是個浮在海上的城鎮而已。不只如此，中國向東南亞發送的衛星電視節目中，也會播出三

美國海軍在 2015 年公佈，中國在南海南沙群島的美濟礁進行填海造陸的照片。

沙市的天氣預報。簡單說，中國針對南海的實際控制，採取了心理戰和輿論戰雙管齊下的策略。

英美要將周邊海域與海外各島嶼變成領地，都是以軍力實際能控制為前提；海洋法公約也以締約國的實際控制為前提，承認締約國領有該地這一事實。當然也有像日本領地竹島這樣，在歷史上原本都是由日本控制，但在第二次世界大戰後，被韓國趁著混亂進行軍事佔領的例子，因此現狀的實質控制，其實也不見得完全有效。可是中國卻在法律上，將自己不曾實際控制的島嶼和海域單方面劃為領土（領海），好營造出一種自己已經擁有該地的印象，這實在是一種「嶄新的手法」。

對無害通航的限制

第二點則是中國在《領海法》中，對世界各國基本認可的「無害通航」原則加以限制。所謂無害通航，是指包含軍艦在內的船舶於第三國領海通航之際，應有「航行自由」的國際原則（參照第四章）。簡單說就是不能進行政治、軍事、經濟活動與調查、情報蒐集，甚至連廣告和宣傳活動都不行，只能迅速航行通過。如果進行這些行為，那就會被視為「有害」。

中國在《領海法》中，也認可外國商船在領海內「無害通過」（無害通航）的行為，但當「外國的軍用船舶」進入「中國領海」之際，就必須獲得「中華人民共和國政府批准」（第六條）。又，《領海法》的內文是這樣寫的：「外國非軍用船舶，享有依法無害通過中華人民共和國領海的權利。」雖然沒有明寫是「商船」，不過大部分情況指的都是貨櫃船、油輪、散裝貨輪（裝載鐵礦石或穀物等未打包大宗貨物的船隻）、汽車輸送船、客輪等民間商船。

另一方面，中國對外國「軍用船舶」進入領海，則是抱持著必須由該國政府事先許可的態度，也就是否定「無害通航」。中國的立場是，因為軍艦是基於軍事目的建造的船舶，所以當外國軍艦通航中國領海之際，自然需要中國政府事先許可。不只如此，因為到底他國船舶算是軍艦、還是民間商船，最終認定都是中國政府說了算，所以就算是商船，也有被當成軍艦看待的可能。因此，按照這項法案的解釋與運用，中國政府若是自行判斷外國的民間商船含有軍事目的，也可以禁止商船進行海洋法公約所認可的「無害通航」。

還不只這樣，中國軍艦對於通航其他國家的領海，也會要求行使海洋法公約中「無害通航」的權利。中國軍艦在海外要求海洋法公約的權利，當其他國家的「軍用船舶」進入中國領海的時候，卻要適用作為中國國內法的《領海法》，對海洋規則的運用，明顯是兩套標準。將這部《領海法》老老實實讀過一遍，就會發現中國政府的裁量權實在很大，一切全都是以中國政府的判斷為準。

當然回顧世界的海洋史，要在紛爭地區的領海無害通航實在很困難，而紛爭的當事國通常也會要求外國船隻在進入領海前事先通報，並在事前獲得許可。可是像中國的《領海法》這樣，直接在法律裡對「無害通航」加以限制的例子，實在相當罕見。中國的法律都像這樣，是為了中國政府可以任意解釋而制定的。

如第四章所示，所謂「無害通航」以日本為例，就是外國軍艦和商船如果只是為了通行目的穿越日本領海，那日本就得認可這些船隻的自由通航。但如果是有政治軍事目的的通航，或是進行水深與海底地形等的海洋調查，那就不在允許之列。簡單說，如果有外國船隻單純從太平洋開往東海，那就算通過日本的領海也沒關係——這就是國際規則。

可是中國的海警等公務船駛入尖閣群島的日本領海，就是抱持著政治意圖而非「無害通航」，因此日本海上保安廳的巡視船會二十四小時警戒監視著中國公務船的一舉一動。又，中國的海洋調查船在經過日本的領海與鄰接區的時候，也會把拖曳的裝置丟入海中，據研判很有可能是在調查海底與大陸棚（根據海洋法公約的規定，中國如果要針對經濟海域展開行動，必須先通報日本方面）。如果是為了調查潛艦的航行路線或是海底資源的蘊藏，那也同樣不屬於無害通航。

動員人民解放軍行使緊追權

第三點是，當「外國船舶」在領海與鄰接區有違法行為的時候，可以動員「軍用船舶」加以對應，亦即明記可以用軍事力量來解決海洋問題（第十四條）。簡單說，就是明文規定可以動用人民解放軍進行軍事解決。不只如此，因為沒有明確區別領海與鄰接區，因此可以按中國方便，將鄰接區也解釋為「中國的實際領海」，從而無視於國際規則。

鄰接區本來只是為了防止領海內的特定違法行為（比方說取締偷渡、走私，對付檢疫與傳染病等）以及對之進行處罰而設置的必要措施，因此才在領海往公海十二海里的範圍，特別設立出這樣的區域（參見第四章）。但中國對領海與鄰接區的標準相當具有彈性，因此光是讀條文的話，會覺得他們把領海和鄰接區都視為一體。

同樣單方面宣稱的還有空域。中國國防部在二〇一三年十一月二十三日，宣布在東海設立「中華人民共和國東海防空識別區」（Air Defense Identification Zone, ADIZ）。該識別區與包含尖閣群島在內的日本領空重疊，當飛機進入中國防空識別區時，必須先向中國請求飛航許可，而這明顯違反了國際規範。雖然在日美兩國的強烈抗議下，中國實際已經在許可制問題上退卻，但若是國際情勢有變，不排除他們又把這套搬出來的危險性。

接下來讓我們再次回到海洋問題。《領海法》規定，當外國船隻在中國領海與鄰接區中，發生違反中國國內法的行為時，人民解放軍和有關當局可以針對該外國船隻，在世界各地除該國或第三國領海外的地區進行追逐，並加以取締（第十四條）。雖然該法中並沒有明確出現「人民解放軍」字樣，但其中的「中華人民共和國軍用船舶、軍用航空器」以及「中華人民共和國政府授權的執行政府公務的船舶、航空器」，實際上就是要以人民解放軍為主體，行使所謂的「追逐權」。相較於日本以海上保安廳來「執行海上法」，《領海法》則是以讓人聯想起人民解放軍的「中華人民共和國軍用船舶、軍用航空器或者中華人民共和國政府授權的執行政府公務的船舶、航空器」來行使追逐權。這再次證明了中國對於作為國際規則的海洋法公約，只取有利條文加以接受，對不利部分就拒絕採納的方針。

國際仲裁法院裁定「無法源依據」

國際仲裁法院（位於荷蘭海牙）於二〇一六年七月十二日，裁定中國自行主張擁有權利的南海國界線「九段線」在國際法上沒有法源依據。裁定也指出，中國在「岩礁」上填海建立的七個人工島不是「島」，不能主張大陸棚與經濟海域的相關權利。不只如此，法庭也認定中國船隻在菲律賓的經濟海域內進行石油探勘，並對菲律賓漁船進行妨礙行為，這場控訴以菲律賓大獲全勝、中國徹底敗北作收。

中國政府在這之後擺出拒絕裁定的強硬姿態，並派外交使節到世界各地，陳訴這份裁定不正當。據傳中國在事前早就已經曉得裁定的結論，因此在裁定結果公開發表前就請求菲律賓政府撤回訴願，同時也表明自己不會遵守裁定的立場。接著中國又在海南島到西沙群島舉行大規模軍事演習，明顯就是要打破這種不利的態勢。儘管中國竭盡全力蒐集情報，又發動強力的外交攻勢，但裁定還是照樣下來。結果中國直到現在，都沒有接受國際規範下的法律裁定。

處理國際問題的法律機關，包括了國際法院（以國際糾紛為對象）、國際海洋法院（以海洋法公約相關糾紛為對象）、常設仲裁法院（以國家、民間機構、國際機構等的糾紛為對象，即使對象國拒絕，還是可以進行司法裁定）、國際刑事法院（針對違反戰爭罪的個人進行判決）等。在南海問題方面，菲律賓因為對手中國拒絕接受司法裁定，所以向國際仲裁法院提出上訴。

南海自古以來就是海上交通的要衝，也有著豐富的水產資源，更確認有海底油田的蘊藏；為此，中國、台灣、菲律賓、越南、馬來西亞、汶萊等國，都主張擁有該地的海洋權益（權利與利益）。

南海既以紛爭海域著稱，而中國踏足南海的方法，也有極其明確的特色：首先是中國主張自己一貫擁有對該地的主權，接著是用人民解放軍佔據島嶼並設立人工島來造就既成事實。第三是透過《領海法》等國內法的頒布，來將自己掌控南海加以合法化，第四是拒絕接受對中國不利的仲裁裁定等國際規範——就這樣，中國在南海建立起一套自己的海洋秩序。然後他們還拿出陳舊的文獻，在中國製地圖上畫出名為「九段線」（中華民國原本在一九四七年採用的是「十一段線」）的九條虛線（也有人稱為「U字線」、「中國的紅舌頭」），表明南海全境幾乎都屬於中國領土，且在地圖上反映這個既有事實。

自從周恩來總理在一九五一年提及南海主權，並在一九五八年發表「領海聲明」以來，直到一九六九年聯合國亞洲暨遠東經濟委員會（ＥＣＡＦＥ）發表南海可能蘊藏有海底油田為止，中國都一直保持沉默。可是當委員會發表可能存在海底油田之後，中國就一直虎視眈眈，找尋踏足南海的機會。不過當時的中國還相當貧窮，軍力也不怎麼充足，因此還無法針對南海的主權問題展開大規模的軍事行動。

於是，中國一邊謹慎觀察和自己在主權方面有衝突的菲律賓與越南的軍事力量，還有他們國內的混亂狀況，一邊派出小規模的軍隊，以武力佔領原本被菲律賓與越南實際控制的島嶼。中國在越戰將要結束、美軍從南越撤退後，壓制了西沙群島就是最好的例子。而當美軍從菲律賓基地撤退後，中國在南海的軍事動作也日益高漲，並強化了對南沙群島的實際控制。他們花費了莫大的時間進行人工島的建設，在島上設置港口設施、飛機跑道和雷達基地，讓岩礁改頭換面，變成一座島嶼。

中國海軍是由三支艦隊（北海艦隊、東海艦隊、南海艦隊）所組成。過去為了保衛首都北京，一向都是北海艦隊優先近代化，但現在則逐漸把增強的力道轉移到擁有戰略核動力潛艦（以海南島為基地）的南海艦隊上，這也是意識到南海重要性而進行的部署。

如前所述，在海洋法公約生效之前，中國就已經制定了《領海法》，將對南海的控制加以明文化。若是作為國際規則的海洋法公約對中國有不利之處，他們就會把這份作為牽制之用、屬於國內法的《領海法》搬出來，主張它比海洋法公約更為優先。中國在國際規則的取捨上，只取對自己有利的項目，對自己不利的則一概拒絕；這種兩面手法，很難不讓追求普遍利益的海洋法公約變得徒具虛文。

有關領海法的內部文件

中國在政策決定過程上一直蒙著一層神祕的面紗，就算有什麼意見對立也不會公諸於世，只會發布最終結果而已。因此，就算翻閱過眾多討論《領海法》的論文與書籍，甚至涉獵中國相關的文獻，對於《領海法》的制定過程還是難以清楚理解。

對這個模糊點提出質問的，是一位弄到中國政府內部文件，當時正針對中國內部權力鬥爭進行採訪的日本共同通信社（共同社）北京特派員所寫的報導與論文（西倉一喜，「關於中國領海法制定過程的重新檢證——圍繞著明記「尖閣群島」展開的內部對立」，〈中国領海法制定過程についての再検証：「尖閣諸島」明記をめぐる内部対立」〉）。以下介紹一下這篇文章的要點：

這篇文章指出，中國國務院外交部（相當於日本外務省）與軍事部門間，在領海法上其實是相互對立的。

關於《領海法》的制定過程，第七屆人大常委會辦公室祕書局曾經編纂了一份內部文件「有關《領海法》（草案），中央相關部門與地方的意見」（一九九二年二月十八日，機密文件）。這份文件被發放給各人大常委，而其中一位委員黃順興，將它交給了日本的共同社，地點就在黃委員的官邸之中。

當黃順興在二〇〇二年三月逝世（享年七十八歲）時，共同社在北京發表了一篇名為「前中國人大常委黃順興逝世」的新聞（由四國新聞社刊載，二〇〇二年三月六日）。黃順興在一九二三年誕生於台灣，畢業於日本熊本高等農業學校，從戰前開始就與日本關係密切；從這點來看，他在一九九二年將《領海法》草案交給日方，應該是千真萬確的事。

環繞領海法起草的內外局勢變化

根據這份內部文件顯示，《領海法》草案是先發放給和「海洋權益」有關的中央與地方機構，由各機構展開檢討作業，再將他們的意見回饋給《領海法》草案的檢討委員會。起草法案的檢討作業從一九八四年左右開始，最終的調整則是在一九九一年底到一九九二年二月上旬進行。

在一九八二年成立的海洋法公約正式生效（一九九四年）前，中國相關機構花了八年時間，從各種視角檢討自己究竟該站在什麼立場來面對「海洋權益」這個問題。中國外交部希望擬定一份能讓對日關係急速改善的《領海法》，但軍方則完全不考慮對日友好，兩者的立場明顯南轅北轍。

這項法案擬定的最終局面，正好與國際關係急遽變化、中國國內陷入前所未見政治混亂、共產黨中樞窮於應對的時期相互重疊；也就是說，《領海法》是在圍繞著權力掌控，明爭暗鬥不斷上演的時代背景下制定出來的產物。也因為要應付內外情勢，中國才會出於重視國家權益的立場，強調中國的「海洋權益」絕對不能受到作為國際規則的海洋法公約所束縛。

回顧當時的國際地緣關係，發生了中蘇和解與天安門事件（一九八九年六月）、東歐革命與柏林圍牆倒塌（一九八九年十一月）、美蘇馬爾他高峰會（一九八九年十二月）、東西德統一（一九九〇年十月）與美蘇對立的「冷戰」終結等一連串事件。隨著假想敵蘇聯的瓦解，以及和在北方國境對峙的蘇聯之間實現和解，蘇聯對中國的威脅頓時消失了。

據山本秀也先生（產經新聞評論委員）所言，「中國轉向重視海軍，其實是始於鄧小平掌握軍事指導權的一九八〇年代初期。」再加上冷戰結束，中國的國防政策遂迎來重大的轉換期；以陸軍為主體的人民解放軍開始領悟到海洋權益的重要性，於是轉而開始充實海軍。也就在這個重要的轉換期，中國展開了《領海法》的制定，軍方因此在參與維護海洋權益的過程中，獲得了很大的發言權。

將目光轉向中國國內，一九八九年六月四日爆發了訴求民主化的天安門事件。在當局的武力鎮壓下，有許多的學生和市民不幸犧牲，中國也因此被國際社會所孤立。在戒嚴令下，北京變得冷冷清清，從海外飛往北京的民航機乘客，也頓時驟減了許多。在天安門事件經過一個月左右，我剛好有機會搭乘從日本往北京的航班，當時環顧機內，乘客只有十個人左右，其他就只剩航空公司的空服員而已。

目睹中國政府對學生和市民進行武力鎮壓，歐美各國相繼對他們發動經濟制裁。此時的中國正處在鄧小平大力推動改革開放政策的高峰時期，因此歐美各國的經濟制裁，對鄧小平的經濟政策造成了重大打擊的危險性。鄧小平為了不讓改革開放政策開倒車，親自走訪被指定為經濟特區的廣東省深圳，在那裡宣告全國，號召改革開放，這就是所謂的「南巡講話」。在深圳市最熱鬧的大街上，直到現在還掛著訴求改革開放的鄧小平巨大肖像畫，堪稱是一幅深具歷史遺產意味的裝飾品。

對身處國際逆境下的中國而言，他們的救世主就是日本。雖然日本也加入歐美各國的經濟制裁，不過調子比較緩和，而中國方面也能理解這點。由於日中關係的緊密化，是讓中國重新獲得國際社會接納的開端，因此中國也在檢討該如何利用日本。透過江澤民總書記的訪日（一九九二年四月），以及天皇暨皇后的訪中（一九九二年十月）相繼實現，中國的國家形象獲得了大幅改善。在外交部長錢其琛的回憶錄中就明言，日本天皇和皇后的訪中計畫，是中國用來突破歐美經濟制裁的一種手段。

面對天皇和皇后訪中這種頭號大事，中國外交部因此在《領海法》草案中，並沒有列進「尖閣群島」之類的字句。事實上在超過三十年前（一九五八年九月四日）的「領海聲明」

發表之際，中國也沒有明確列入尖閣群島。因此，中國外交部出於不想讓對日關係惡化的判斷，並沒有特意將尖閣群島列入《領海法》中。然而，對日強硬派的軍方，對此卻是大唱反調。

強硬的軍事部門

根據內部文件，從尖閣群島（中國稱之為釣魚台）應被明文記入的立場出發，對提出草案的外交部大表反對的，是中央軍事委員會法制局、總參謀部辦公廳、海軍司令部、廣州軍區、國家測量製圖局，以及地方政府（一部分上海、一部分天津、山西、海南）的代表。在這當中，軍委會法制局尤其是對日強硬派的領頭羊。他們表明立場，指出「釣魚台自古以來即是我國固有領土，在戰略與經濟地位上非常重要」，「是日方率先打破和中國的口頭約定，強化對該群島的實際支配權，並掌握主導地位」，「透過立法讓這個問題明朗化，會讓我方今後在和日本談判有關該群島歸屬問題時，能夠更加掌握主導權」（以上皆參照西倉論文對原文的翻譯）。因此，他們強烈要求修正外交部的草案，而總參辦公廳與海軍司令部也站在同一陣線。

面對軍事部門的對日強硬派，中國外交部只好修正草案，在裡面追加記載了「釣魚台」字樣。儘管外交部門念茲在茲的都是天皇和皇后訪中，不想再製造日中關係的緊張，但這樣的想法卻遭到了軍事部門的明確否定。

軍事部門不只在對日關係上一直表現強硬姿態，還不停煽動對日本的挑釁行為。比方說在日中和平友好條約締結的時候（一九七八年八月），中國就動員武裝漁民組成「海上民兵」，率領大批中國漁船向日本領海進軍。這是軍事部門在傳達一種政治和軍事訊息，表示「我們並不是完全贊成這項友好條約」。

那麼，日方對於《領海法》的反應又是怎樣的呢？針對中國將尖閣群島畫入說明領土的文件，日本外務省由小和田恆[3]外務事務次官署名提出抗議，但並沒有更進一步的對中抗議，而日本媒體對《領海法》也沒有大作文章。畢竟那是一個大家都覺得「日本已經實際掌控尖閣群島；日本是經濟大國，中國不是，而且中國的軍力是以陸軍為主體，裝備也以舊式居多，海軍也只能在近海作戰，對尖閣群島乃至東海都不構成威脅」的時代。

戰略論、戰術論、宣傳

綜覽中國有關政治、外交、國防安全的文獻，全都充斥著像是廣域經濟圈構想「一帶一路」之類的四字成語和口號。將新絲路經濟帶的構想與二十一世紀海上絲路的構想凝聚為一體，就是所謂的「一帶一路」。但是說到底，它並沒有具體的構思。東京大學教授高原明生就提出「一帶一路星座說」。他指出，「雖然星星是實際存在的，但是星座只存在於觀念之中。實際存在的星星，就是一個又一個零散的計畫，（而一帶一路）就像是將星星連結起來變成星座一樣，只是觀念的產物。」（《東洋經濟》，二〇一六年一月二十七日）就像高原教授所言，這種幻想印象世界的塑造，是中國的拿手好戲。

海洋大國、海洋強國、海洋經濟、核心利益、中國夢、中華民族偉大復興、九段線、第一島鏈與第二島鏈（後述）、近海防禦、遠海防衛、戰略邊疆論、三戰（輿論戰、心理戰、法律戰，後述）、冊封／朝貢體制、改革開放、西部大開發、小康社會、和平演變（以和平

3 譯註：即當今天皇，當時皇太子德仁的岳父，後來成為國際法院院長。

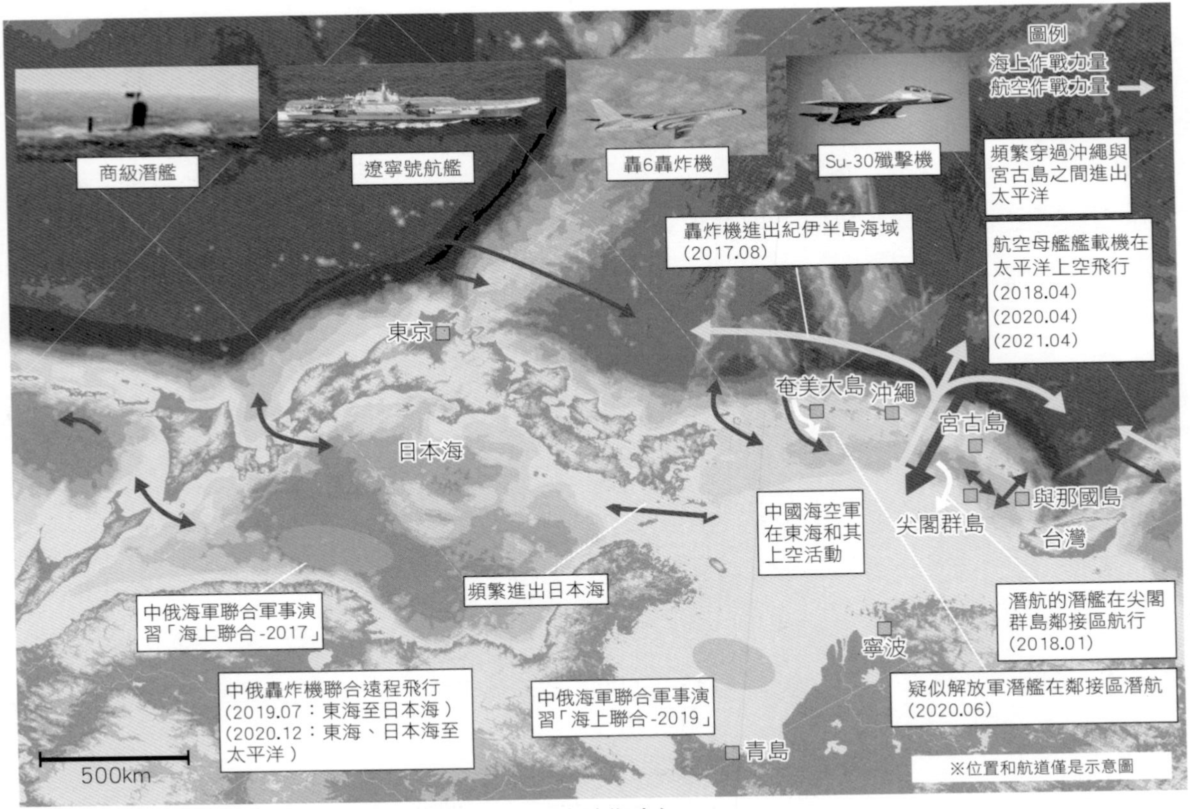
圖例
海上作戰力量
航空作戰力量
商級潛艦
遼寧號航艦
轟6轟炸機
Su-30殲擊機
頻繁穿過沖繩與宮古島之間進出太平洋
轟炸機進出紀伊半島海域
(2017.08)
航空母艦艦載機在太平洋上空飛行
(2018.04)
(2020.04)
(2021.04)
東京
日本海
奄美大島
沖繩
宮古島
與那國島
尖閣群島
台灣
中國海空軍在東海和其上空活動
頻繁進出日本海
中俄海軍聯合軍事演習「海上聯合-2017」
中俄轟炸機聯合遠程飛行
(2019.07：東海至日本海)
(2020.12：東海、日本海至太平洋)
中俄海軍聯合軍事演習「海上聯合-2019」
潛航的潛艦在尖閣群島鄰接區航行
(2018.01)
疑似解放軍潛艦在鄰接區潛航
(2020.06)
寧波
青島
500km
※位置和航道僅是示意圖

近年來中國在第一島鏈周遭頻繁的軍事活動。（日本防衛省）

手段讓蘇聯等社會主義體制瓦解）、五龍（五個海上執法機構，後述）……堪稱是讓世界上的中國觀察者全都目不暇給的辭彙寶庫。今後，中國共產黨和政府也會繼續編造出各種術語和辭彙，並向外發布吧！每當一個新辭彙被發布，世界上的專家就會展開百家爭鳴的議論，並對中國的現狀與近未來進行分析。因此，中國的辭彙戰，其實也是輿論戰和心理戰。

作為對此的反應，比如說美國就把中國對東南亞和印度洋的涉足稱為「珍珠鏈戰略」（String of Pearls）；至於中國對美的海洋戰略（阻止美國海軍航艦與核動力潛艦接近台灣等地，從而掌握制海權的戰略），則命名為「反介入／區域拒止」（A2／AD，Anti-Access/Area Denial）。

也有一些報導將中國向海洋發展稱為「高麗菜戰略」（以海警局和海軍船艦，重重守護在南海違法捕魚的中國漁船）與「切香腸戰略」（一點一點獲得南海的岩礁，趁對手不注意時再一口氣奪取所有的岩礁與島），這些同樣都值得矚目。另一方面，針對中國的A2／AD戰略，美國在軍事對應上，也打出了「空海一體戰」（AirSeaBattle）、「近海控制」（Offshore Control）等構想。

不管怎麼說，已經躍升為經濟大國的中國，會對海洋霸權抱持野心與慾望也是很自然的。就算光是從有關外交與國防安全為出發點的新創辭彙來看，也可以看到滿滿讓人聯想到海洋霸權的內容，而解放軍和海上執法機構的不斷增強，也證明了中國對海洋霸權的意圖掌控仍是一種現在進行式。

航空母艦「遼寧」號的服役，以及之後陸續建造新的航艦[4]，據說最終目標也是要編成航艦戰鬥群。另一方面，在伸入南海的海南島港口城鎮三亞的周圍，有著搭載彈道飛彈的戰略核動力潛艦的基地——榆林海軍基地。美國的偵察衛星對這裡一直保持著緊密的監視。這個基地建設在丘陵地帶的地下，核潛

海南島的瑜林（左）及三亞（右）的海軍基地。（FAS）

艦可以直接用潛航的方式出入基地，從陸地和上空看不到它們的蹤影，隱密性相當之高。

從日本沒有直飛海南島的班機，必須要從香港、廣州、上海等地轉機前去。一踏出飛機，立刻就會感到灼熱的氣息撲面而來。這裡被稱為「中國的夏威夷」，大型度假旅館沿著三亞的海岸櫛比鱗次地林立著。但它還有另一個面貌，那就是中國跨足海洋的最前線，也是滿載著核潛艦等軍事機密的島。解放軍的海軍基地、海警局等海上執法機關，還有可以搖身一變為海上民兵的漁民聚落，也都位在三亞周邊，擺出一副隨時都能糾合海軍、海警局、海上民兵，大舉踏足南海的態勢。

中國跨足海洋的三個危險性

在這裡我必須要指出，中國在不久的將來，對國際海洋秩序的變更會帶來的三個危險性：第一是「海洋國土」的構想；第二是海外的港口管理；第三則是跨足尖閣群島所在的東

4 編註：第二艘002型航空母艦山東號（舷號17）已經在二〇一九年十二月十七日服役。

海區域。

中國在近年打出了「海洋國土」這個新的概念。他們將領海、鄰接區、經濟海域三者整合起來，理解成單一的「海洋國土」，也就是把所有的海洋都當成國土。陸地上明明只有一條國界線，但海洋卻有三個概念存在，他們覺得這實在太過複雜，於是提出「海洋國土」這一概念，將複雜一轉而成為單純化。對陸軍相關人士來說，海洋的國際秩序實在太過複雜也太難理解，所以只要照著「海洋國土」這種直線的思考方式去理解就夠了。然而，隨著「海洋國土」在中國人之間蔓延開來，很有可能會導致中國無視於海洋法公約，一味憑自己喜好建構海洋秩序的危險。

第二，中國透過鉅額貸款等方式，在海外展開港口整建的事業，包括斯里蘭卡的漢班托塔港、緬甸的皎漂港、巴基斯坦的瓜達爾港、阿曼的杜克姆港、希臘的比雷埃夫斯港等都在此列。因為斯里蘭卡還不出錢，所以中國實際上已經把漢班托塔港扣押下來，當成租界置於中國的管理下（自二〇一七年七月起，租期九十九年）。

就這種情況來看，中國很有可能會對納入管理下的漢班托塔港制定新國內法，將之視同中國的港口，並宣布當地海域為中國的領海。這樣一來，中國也可以對與領海連接的鄰接區和經濟海域實施新的定義，從而讓「海洋領土」在海外進行擴張——確實蘊含著這樣的危險性。不只如此，中國在未來還會繼續運用「一帶一路」這個廣域經濟圈構想，就海外取得的港口權利制定新的國內法，把它們當成中國領土的一部分來對待，這樣的意圖恐怕已是昭然若揭。

第三是高喊「釣魚台是我國領土」的中國對東海的涉足。儘管國際都公認尖閣群島（釣魚台）是日本的領土，但中國依舊持續派遣公務船和軍艦前往尖閣群島海域，意圖營造當地為中國領土的印象，並改變現有的國際規則。

從公務船入侵日本的尖閣群島領海或在鄰接區航行變成家常便飯來看，中國明顯就是要營造一種新的既成事實。不只是公務船，他們也讓大

日本海上保安廳的巡視船與中國海警船對峙的場景經常上演。（海上保安廳）

量的漁船在尖閣群島周邊海域進行作業，就連小笠原群島海域，也有中國漁船大舉蜂湧而至。中國對海洋的涉足，在東海以外的地方也相當積極。

日本對中國的抗議

日本外務省在二〇一九年三月二十八日，發表了「中國在東海單方面開發資源的現狀」報告（中国による東シナ海での一方的資源開発の現状）；在這當中提及，「中國政府在東海的資源開發行動日趨積極；直到現在為止，我們已經在中日地理中線靠中國這邊，發現了至少十六座建築物。」同文並附上了防衛省和海上自衛隊所拍下、用來開發海底油田的鑽油平台照片。

不只如此，日本也已表明立場，指出「東海的

中日地理中線靠中國的海域建造的鑽油台。（日本外務省）

經濟海域和大陸棚尚屬未定界，因此日本認為應以中線為基礎劃定界線」，並向中方提出照會，但中國卻完全無視日本的要求，只是一味「單方面地推動開發行為」。

日本和中國的經濟海域在東海重疊，要劃定界線實在很難。對此，日本一貫秉持國際規則的「平衡解決」與判例，主張應以中線為準，但中國因為這樣於己不利，所以主張依據大陸棚自然延伸的解釋，將界線一路畫到沖繩海槽。這樣畫下來自然也包括了尖閣群島，而中國在這裡也同樣無視於國際規則。沖繩海槽是位在西南群島與琉球群島西方，長約一千公里、寬約一百公里的海域，是塊相當適合中國潛艦潛航的地帶。順道一提，「海槽」是比海溝更淺的海底窪地；海溝的水深通常在六千公尺以上，比這還淺的就稱為海槽。

中國在和越南進行東京灣界線劃定的時候，就採用對中方有利的中線方式，因為如果採用大陸棚「自然延長論」的話，中國會處於不利境地。中國就是這樣，比起依循國際規則來解決問題，更常為了追求本國利益的最大化，而不斷扭曲國際規則。

中國不只企圖在踏足海洋方面造成既定事實，同時也積極插手空域。就像前面講的，中國國防部在二〇一三年十一月二十三日，宣布在包含尖閣群島在內的東海上空設立「中華人民共和國東海防空識別區」。駐日中國大使館發表了「有關東海防空識別區航空器識別規則之公告」，其中包括了以下這條：「在該防空識別區飛行的航空器，必須向中國外交部或民航局提交飛行計畫。」換句話說，在尖閣群島上空飛行的航空器，都有義務向中國提交飛行計畫。不只如此，他們還有義務回答中國方面的無線聯繫，「必須迅速確實回答識別提問」。

又，規定也說「在東海防空識別區飛行的航空器，必須遵從該識別區管理機構或授權部門的指示；若有航空器不配合指示、或是不遵指示任意飛行，則中國軍隊有權採取防禦措施」，明白記載了人民解放軍有權針對侵入機體進行出動。

對這種中國單方面的通告，日本政府提出嚴重抗議，表示絕不允許任意變更現狀。而中國則是展開新一輪法律戰，意圖透過立法賦予解放軍管轄尖閣上空的領空權限。

第一島鏈、第二島鏈

中國一直高唱所謂「第一島鏈和第二島鏈」的防衛線，以此將自己的跨足海洋正當化，還不厭其煩地挑戰日本的領海與經濟海域。

這兩條島鏈的構想，據說是出自在中國有「現代海軍之父」美稱的海軍司令員劉華清的提倡（不過也有一種說法認為，這個概念的原點乃是出自美國國務卿杜勒斯的「island chain」，劉華清只是加以運用而已）。劉華清受到共產黨最高領導人鄧小平的賞識，一路爬到海軍司令的地位。他曾在蘇聯伏龍芝海軍學院留學，歷任海軍副總參謀長、黨中央委員會委員等要職，並在一九八九年就任中央軍委會副主席。劉華清不只參與核潛艦的研究開發計畫，和洲際彈道飛彈試射，以及中國踏足南海也有很深的關係。他在視察歐美海軍之後，便下定決心要讓中國海軍近代化。（關於劉華清的經歷及所扮演的

1980 年，劉華清率團訪美參觀了美國海軍的許多設施，圖為代表團抬頭仰望美軍的表演。

角色，請參照平松茂雄《中國的戰略性跨足海洋》（中国の戦略的海洋進出）。）

中國在超越沿岸防衛構想、放眼遠洋的同時，開始火速將海軍近代化。受到美國航空母艦與核潛艦的衝擊，他們也決定發展航艦，並建造戰略型核動力潛艦。他們從澳洲和俄羅斯以廢鐵名義買進好幾艘航空母艦進行研究，接著又從烏克蘭買來未完成的航艦「瓦雅各」號進行大幅改造，成為現在服役的「遼寧」號航艦。

所謂第一島鏈是指從中國本土角度來看，為實現「沿岸防禦」與「近海防禦」所須具備的戰略防衛線（主要防禦海域），現在被看作是必得確保制海權的重要海域。這是一條連結日本九州—沖繩、西南群島—台灣—菲律賓—（南海九段線）—印尼、馬來西亞、汶萊所在的婆羅洲（加里曼丹）的防衛線。在第一島鏈的內側，有連接在一起的「四海」——渤海、黃海、東海、南海，這些全都被看成是「中國的內海」。中國在這裡所面臨的國防課題，除了進行本土防衛外，還要阻止台灣獨立，並阻止外國軍隊支援台灣。

第二島鏈是連結日本的伊豆群島—小笠原群島—關島—塞班島—新幾內亞的防衛線；在這兩條島鏈的正中央，坐落著日本的沖之鳥島。中國把第一、第二島鏈環繞的中間地帶看成是「前方防衛海域」，也就是阻止美軍為支援台灣而強化兵力所必要的空間。

中國採用了阻止美軍接近、不讓美軍自由展開作戰行動的戰略，也就是前述的「A2／AD戰略」；不過這是美國國防當局的命名，不是中國這邊創造的用語。

在這裡要提醒讀者注意的是，中國構想出第一、第二島鏈這樣的防線概念後，其海空軍便不斷在意識到島鏈的情況下，展開軍事作戰與訓練。中國船艦屢屢穿越沖繩本島與宮古島之間的海峽，中國海軍的軍艦和公務船也每每不自然地通過日本領海，在鄰接區刻意航行。他們不只有輕視國際規則的強烈傾向，更有不斷加速自己對日本周邊海域的控制，好造成既定事實的這類危險性的存在。

海上執法機關的涉足海洋

中國原本有稱為「五龍」的五個海上執法機關，在二〇一三年時，其中四個機關被統合成為「中國海警局」；入侵尖閣群島海域與日本領海的，就是這個「海警局」的公務船。中國運用海上執法機關，把它們當成是踏足海洋的工具。

「五龍」指的是：中國公安邊防海警所屬的「海警」、國土資源部國家海洋局的「海監」、農業部漁業局的「漁政」、交通運輸部海事局的「海巡」，還有海關總署的「海關」。相對於「海警」、「海關」使用中小型船隻，負責大陸沿岸部分的近海業務，「漁政」和「海監」則配備有大型船隻，負責遠洋與經濟海域部分。

就傳統上來說，這五大機關（五龍）每一個都可以進行領海警備、經濟海域保全、取締走私、整頓海上交通、搜索救難等業務，但中國也參考日本的海上保安廳，試圖朝向組織一元化邁進。在經過不斷的嘗試與錯誤之後，中國終於將「海巡」以外的四個機構於二〇一三年統整重編，形成一個單一的「中國海警局」。話雖如此，但還是有報導指出，他們的指揮系統並未完全整合統一，原本所屬的行政機關仍舊保有相當大的影響力。

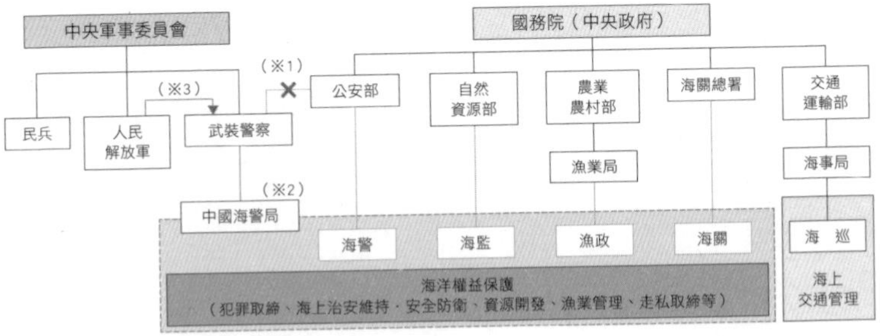

※1　武警部隊的指導、指揮一元化（2018 年 1 月 1 日）
※2　原中國海警的部隊編入武警的海警總隊（2018 年 7 月 1 日）
※3　《武警法》修訂（2020 年 6 月 21 日）
→ 武警在戰時由中央軍委授權戰區指揮，中國海警在武裝部隊體系中的定位更形明確。在戰時與海軍共同作戰。

註：虛線內為重組前（2013 年）中國海警局所屬單位。

現代中國海警架構圖（防衛省）

據了解中國軍事的專家山本勝也一等海佐（海上自衛隊幹部，曾經派駐中國）[5]所言，當初這個機構的門口，其實掛著兩塊招牌——作為政府機構的「國家海洋局」與作為實力組織的「中國海警局」，但是同一個幹部往往橫跨兩個機構，而且第二號人物的位階還比首長高，組織相當複雜且不透明。舉例來說，「國家海洋局長是中國海警局的政治委員，中國海警局長是國家海洋局副局長，在領導架構上，是一個相當奇異的交叉構造。」（山本勝也，〈駐外防衛官所見的中國，第十五回：國家海洋局與中國海警局〉；海上自衛隊幹部學校，戰略研究會專欄五九，二〇一五年二月二十五日〔防衛駐在官の見た中国（その一五）国家海洋局と中国海警局〕海上自衛隊幹部学校、戦略研究会コラム五九、二〇一五年二月二五日）。

直到這時候為止，「海警」一直是處於中國國務院（政府）與中央軍委會的「雙重指揮」之下，但在以集權為目標的習近平領導班子上台後，在二〇一八年也做了新的組織重整。這次海警被歸入中央軍委會指揮的人民武裝警察部隊（武警）底下，從而讓它有辦法和同屬軍委會的人民解放軍進行整合運用。

5 編註：相當於海軍上校。

中國在二〇一八年進行的這次組織改編，很有可能是參考了美國的做法。美國的海岸防衛隊原本就是當成軍隊的一部分來編制（U.S. Code Title 14, Sec. 103），平時扮演執法機關的角色，有事時則和四軍（陸海空三軍以及海軍陸戰隊）一起，以第五軍的姿態加入作戰行動任務。

儘管二〇一八年的改革明示武警部隊有「海上執法」的權限，但並沒有明示武警以外的「武裝力量」（比如說解放軍、預備役部隊、民兵組織等），是不是也有進行執法活動的責任和義務。關於這點，我們可以這樣理解：儘管美日等國的海上執法機關，在責任義務上都有很明確的規定，但在中國會時時因應政治判斷，而彈性運用其執法機構[6]。

中國在跨足南海的時候，會把大量漁船當作尖兵派遣出去，然後以監管漁船的名義出動「漁政」與「海監」。在尖閣群島的周邊海域也是一樣，當中國漁船蜂擁而至之際，「海警」就登場了。就這樣，中國把跨足海洋變成既定事實，從而動搖現在的海洋秩序。

海洋秩序的不安定因子

透過《領海法》這部國內法的實施，中國界定了理想與幻想中的領海，並將之予以合法化的解釋。中國的《領海法》是在從海洋法公約成立到施行這段進程中誕生出來的產物，強烈反映了當時劇變的國際關係。同時在它的背後，也跟中國國內外交、軍事部門的政治對立，有著深深的糾葛纏結。中國在講到作戰方式時，有所謂的「三戰」（按中國人民解放軍政治工作條例規定）——輿論戰、心理戰以及法律戰，而《領海法》正是法律戰的一張關鍵王牌。

《領海法》中雖然完全沒有提及海洋法公約，但它毫無疑問是在意識到海洋法公約的情況下所制定出來的產物。而它的根本，則是不受海洋法公約束縛的強烈意志。這點從海洋法公約通過之後不久，中國便開始草擬《領海法》，並在海洋法公約正式生效前通過《領海法》就可以清清楚楚看得出來。

使用形形色色的新創語彙，挑戰海洋的國際規則；密切涉入海外的港口建設，並用自己的解釋方式，一步步伸張自己的「海洋國土」，這就是中國。朝向政治、經濟、軍事大國邁

6 編註：中國於二〇二一年一月二十二日通過《海警法》。根據該法，中國海警船遭遇到外國船隻襲擊或面臨襲擊時有權使用武器。

進的中國，當他們抗拒海洋的國際規則，並對海洋秩序的平衡狀態帶來不良影響的時候，會讓國際關係平添不安的危險性。

第六章　守護海洋秩序的日本

前章揭露了中國高舉領海法大旗，向日本固有的尖閣群島周邊海域派遣海警局等單位的公務船，遂行領海入侵的事實；對此，日本則是在海上保安廳配屬了巡視船與飛機，在避免與中國公務船正面衝突的情況下守護領海。但，負責領海警戒的並不只有海上保安廳的巡視船，在肉眼看不見的舞台背後，活躍的還有防衛省、自衛隊的護衛艦與飛機，以及內閣衛星情報中心的情報蒐集衛星。

日本進行多元的情報蒐集，然後將這些情報綜合起來，提供給海上保安廳（簡稱海保）作為最前線的領海警戒之用。不只如此，外務省也會針對複雜的外交環境進行梳理；從這樣的現狀來思考，就不難發現日本是動用舉國之力，在防堵中國對領海的入侵。不讓意圖接近尖閣群島的中國有機可乘，就是領海警戒的關鍵。

在本章中，我將會確認執法機關在維護海洋法公約下的海洋秩序上究竟有多麼重要，並詳述日本與之對應的現狀，從而回顧海上保安廳的目的與任務；另一方面，我也會提及為維護海洋秩序付出貢獻時的重要方針，以作為本書的總結。

外交力、軍事力、警察力——海洋秩序的運作基本要素

如同前面所一再強調，當今世界的海洋秩序，是透過有「海洋憲法」稱號的海洋法公約所形塑而成；海洋法公約，是世界賴以制定海洋相關規則的基準。

這項公約歷經三十年以上複雜的外交交涉，跨越各國的利害對立，耗費千辛萬苦才終於得以誕生，說是一部政治上的藝術作品，一點也不為過。雖然外交力是催生這項公約的重要敲門磚，但若要賦予它實質身為國際規則的機能，還得加上軍事力（防衛力）與警察力；而海納外交力、軍事力、警察力（日本政府的用語是「外交、防衛、執法」），將之統整為一的，不用說自然是政治力。

所謂警察力，在本書範疇中指的是海上的警察行為。具體來說，就是對走私、偷渡、海盜行為的預防與鎮壓、犯人的搜查與逮捕、維持外國船舶航行秩序等活動。簡單說，就是各國基於國內與國際法，在本國管轄權的範圍內維持法律秩序、行使法令，對犯罪進行預防、鎮壓乃至於搜查。

具備這種權限與能力的代表性執法機關，就是日本海上保安廳（Japan Coast Guard, JCG）與美國海岸防衛隊，它們都以最高層級的執法機關而聞名於世（關於日本的執法機關，後面會有詳述）。

海上執法機關負責的範圍，包括了領海與鄰接區內的取締行為，以及經濟海域的管理。他們在執法時使用的武器，主要是侷限在逮捕犯人之類任務的必要範圍內，因此基本上並不會引進像是飛彈之類具破壞力的兵器。

由於大多數國家都簽署並批准了海洋法公約，也公認遵循這項國際規則是最好的選擇，因此海上執法機關在各國當中，都扮演了相當重要的角色。如果能統一領海和鄰接區，乃至於大陸棚和經濟海域的界線，讓世界的海洋能夠確保「航行自由」和「無害通航」，那就有可能防止締約國之間無用的對立與衝突。

即使是像第五章提到的中國這樣，以成為「海洋強國」為目標、不斷朝軍事大國邁進的國家，也無法無視海上執法機關的角色與重要性。二〇一三年，他們將四個海上執法機關整合成中國海警局，二〇一八年又將之改組為人民武裝警察海警總隊。

與軍事力一同邁向執法時代

所謂軍事力，是指對侵略國或假想敵進行毀滅性打擊與反擊的潛在能力，也是為防衛國家展開軍事作戰的能力。在海洋方面，針對這點加以強化、成為主要角色的，是海軍和海軍陸戰隊。和警察相比，他們裝備的武器並沒有破壞力的限制，但日本因為有專守防衛的原則，所以將自己的防衛力限制在「面對外部的武力攻擊時，足以維持和平」的程度。日本防衛最後的堡壘，是防衛省與自衛隊。

正如第一章所述，在過去英國支配世界海洋的時代，也就是既不存在國際法，也沒有法源整飭的十八到二十世紀上半葉，當時的海洋世界中，英國海軍是以世界規模的等級在部署。他們的使命雖然是守護英國的商船與貿易公司通商的路徑，但構築起當時海洋秩序的，也正是這種強大的海軍力。

二十世紀下半葉，以追求航行自由的美國、英國、歐洲各國為核心的先進各國，雖然接受發展中國家的要求制訂了海洋法公約，但要讓這項公約帶來的海洋秩序成為世界一體遵行的舞台道具，還是得仰賴這些先進國的軍事力、警察力，也就是「海上力量」。說實話，正因為有軍事力和警察力在背後支持，外交力才有辦法制定並讓海洋法公約生效；而美國最後雖然因為反對深海底條款而沒有締約，但也對這項新的海洋秩序表達了支持之意。

回顧從十七世紀到現代的這四百多年間，海軍行使軍事力與警察力的歷史，可說是壓倒性的漫長。海上執法機關從海軍獨立出來並獲國際認可，要到第二次世界大戰之後，至於其角色一躍而具備重要性，則更要等到海洋法公約制定生效之後了。

正因如此，有很多發展中國家直到現在為止，都還是用海軍來從事警察活動；縱使名義上有海巡機構存在，但組織方面還是大多隸屬於海軍。儘管有這種困難的形勢，但海上執法機關的重要性還是逐漸為人所認知，從海軍分離、設立獨立機構的趨勢也日益顯著。美國海岸防衛隊在一九一五年誕生（起源則可回溯至一七九〇年），日本海上保安廳的成立則是在一九四八年五月八日。因此，說起海上執法機關的歷史，就算再怎麼回溯，了不起也只有一百年左右而已。然而，海上執法機關的歷史雖然短淺，但它的重要性卻不容小覷。

海上執法機關的世界典範——海上保安廳的目的與任務

由於中國的公務船和漁船，乃至於香港和台灣的社運人士不斷非法侵入尖閣群島周邊海域，使得原本一直在不被眾人注意的海域裡，以幕後功臣之姿進行領海警戒的海上保安廳躍上檯面，成為眾所矚目的焦點。日本海上保安廳不論在質或量方面，都已臻至世界最高等級，是日本足以向世界自豪的海上執法機關。放眼這個領域，他們是和美國海岸防衛隊並列，堪稱世界典範的存在。

就像我在前言中所提及，所謂海上執法，是依據作為國內法的《海上保安廳法》與《警察職務執行法》行使警察權，同時也遵循以海洋法公約為首的國際規則，進行領海警戒、經濟海域的保護管理，乃至於反海盜行動等任務。

除了以上這些執法任務以外，海保還要負責搜索救難、應付海上災害與海洋汙染、乃至於進行海上交通管制與繪製海圖，業務種類林林總總相當繁多；放眼世界的執法機關，沒有一個像他們這樣要擔負如此多元化業務的。

在這裡，讓我們先看看海上保安廳法第一條所規定，關於海上保安廳的「目的」為何：「（海上保安廳的目的是）在海上保護人命及財產，並針對違反法律的行為執行預防、搜查與鎮壓。」

在接下來的第二條中，規定海保的「任務」如下：「在海上執行法令，救助海難，防止海洋汙染等狀況，維持海上船舶航行秩序，預防鎮壓海上犯罪行為，搜查逮捕海上犯人，管制海上船舶交通，處理有關水路、航線標示及其他與確保海上安全有關的事務，以及各附帶事項的相關事務；其目標在透過這些任務，確保海上之安全與治安。」

閱讀這些條文，就可以知道海上保安廳是一個要面對海上發生的一切事務（也就是海上波譎雲詭的所有狀況），處理各式各樣問題的機關。在一般的日常生活中，我們所遇到的行政弊害通常是出現在垂直流程中，但攸關海洋事務的海上保安廳，所要處理的卻是橫向的諸多問題，因此在海上和陸上的行政手法，有著相當大的差異。

海上保安廳的「任務」多樣性，從海上保安廳的專門職務與團隊編成，也可以看得出來。根據《海上保安報告 2019》所列出的專門職務與團隊編成用語，海保的業務可分為以下這些：警備課、搜查課、國際課、救難課、整備課、海洋調查課、系統業務、管制與教育、樂隊、派駐其他部會等。

海保的特別警備隊在日本全國各地的管區配置有「警備實施等強化巡視船」（通稱為特警船），和陸地上的警察相互配合，相當於陸上警察機構的機動隊[1]。

除此之外，他們也有專門負責反恐和政要保護等特殊警備任務的「特殊警備隊」，最近被稱為SST（Special Security Team）。在海上保安廳負責「特殊警備」、在最前線打頭陣指揮的，是第一位出身海保的海上保安廳長官——佐藤雄二先生。佐藤先生曾經擔任運鈽船「曉丸」的乘船警備任務（警乘隊），防止過關西國際機場的恐怖攻擊，應付過北韓的可疑船隻（不審船事件），也擔任過尖閣群島的警備，經常處在海上保安廳的第一線，直接面對困難與威脅。在他所著的《越過波濤：磨鍊海保長官的重大事件簿》（波濤を越えて：叩き上げ海保長官の重大事案ファイル）中，清楚傳達了當事者眼中特殊警備的重大，以及所遭遇的種種辛勞與苦惱。

為了執行如此多樣化的任務，培育優秀的海上保安官，就成了海保最重要的課題。他們設有兩處教育機構：進行幹部教育的海上保安大學（位於廣島縣吳市，四年制，畢業後會配置到全國管區，並在全國各地四處轉任），以及培養活躍第一線保安官的海上保安學校（京都府舞鶴市，分為一年制〔航海、動力、航空、主計、海洋科學〕和兩年制〔資訊系統、管制〕，入學之後決定配屬服勤的管區，並會在當地一直做下去）。

同時，為了進行國際層級執法的研究與教育，海上保安大學也和政策研究大學（東京）攜手合作，設立研究所級的「海上保安政策學程」。他們和國際協力機構（JICA）以及「日本財團」[2]之間，也有互助合作的關係。

尖閣領海警備——海上保安體制的強化

為了負起海上執法機關的多樣化任務，海上保安廳在二〇一九年共配備有巡視船艇、特殊警備救難艇計四百四十三艘；測量船、燈塔巡邏船、教育業務用船計二十二艘；航空器

1 譯註：相當於台灣的保警。

2 譯註：原稱「日本船舶振興會」，是由右翼實業家笹川良一所創立的財團，以資助海洋科學、海洋政策以及其他海洋相關事業著稱，和海保的關係密切。

八十架（飛機三十一架，直升機四十九架）。這些巡視船艇在全國分為十一個管區，分別配屬在其下。

海保的員額現在（二〇一九年度）約為一萬四千人，預算約為兩千五百億圓（含追加預算三百五十七億圓）。自從「尖閣領海警備」問題發生以來，不論是員額還是預算都有增加的傾向。從海保的預算與人員，在二〇一〇年為一千八百億圓與一萬兩千六百人左右來看，近年的急遽擴張可謂相當顯著。之所以如此，最主要的理由當然是因為中國的公務船和漁船大舉入侵日本領海所致。特別是在尖閣群島周邊的海域，面對中國船隻的入侵領海，海保被迫得建造新的大型巡視船才行。

二〇一〇年九月，在尖閣群島領海內，發生了中國漁船衝撞海保巡視船的事件。二〇一二年四月，時任東京都知事的石原慎太郎，發表了以東京都名義購入尖閣群島的方針；同年九月，民主黨政權通過「將包含釣魚台在內的尖閣三島加以國有化」決議。對於日本的這些動作，中國方面大表反彈，並大量派遣公務船和漁船侵入日本的領海和鄰接區。

總之，以「尖閣領海警備」為首，日本全國負責領海警備任務的巡視船共有一百三十八艘。巡視船指的是排水量一百八十噸以上的船舶，當中特別具有遠洋航行能力的千噸以上大型巡視船則有六十二艘。在這六十二艘船艦中，有辦法搭載直升機的「秋津洲」號和「敷島」號等，通稱「直升機巡視船」的大型巡視船（ＰＬＨ）共有十四艘。至於小型的船舶則稱為巡視艇（兩百三十八艘），它們不以噸數分類，而是以長度（比方說二十公尺級、三十五公尺級等）來表示。

由於海域氣象嚴峻，因此在進行「尖閣領海警備」，和侵入領海的中國公務船對峙的時候，必須投入大型巡視船。位在沖繩縣石垣島的石垣海上保安部（第十一管區，總部位在沖繩縣那霸市）就配備有大型巡視船十三艘，是全日本最大的規模。在那霸另外還配備有四艘大型巡視船，因此算上整個第十一管區（沖繩縣），大型巡視船總計達到十八艘。這也顯示中國公務船對領海的入侵，以及大量中國漁船的違法作業情況有多麼頻繁與嚴重。

另外在日本海區域，過去常有北韓的可疑船隻出沒，最近則是北韓漁船朝著烏賊和螃蟹的好漁場「大和堆」蜂擁而至，同時也有中、俄、韓的船艦通航，因此在從北海道到九州的日本海沿岸海上保安部，也配置了大約二十艘大型巡視船。海保對於和韓國、俄羅斯接壤的水域，乃至於和本州距離遙遠的沖之鳥島與小笠原群島也都保持著緊密的監視。

在中長期的規劃上，今後在第十管區（總部在鹿兒島縣鹿兒島市）也會配置多艘大型船艦，以便和第十一管區聯合起來，在西南群島海域針對「尖閣領海警備」，集結日本最大規模的大型巡視船。由此可以看出，日本政府已經斷定，中國針對尖閣的糾纏，將會長期且執拗地一直持續下去。

就在這種情勢日益緊迫的局面下，日本政府基於二〇一三年十二月策定的「國家安全保障戰略」，開始急遽強化海上保安體制。接著，他們又依據二〇一六年十二月，由「有關強化海上保安體制之相關閣員會議」通過「關於強化海上保安體制之方針」這一決議，大幅增加海保的預算與員額，同時也對「尖閣領海之專屬警備體制」展開了強化。

執法機關的法源依據

海上保安廳在執法時，依據的是日本制定的眾多法律與命令，以及海洋法公約等國際條約。

那麼，究竟是那些國內法與國際法條，讓他們得以依法行政呢？根據海上保安廳監修的《海上保安六法 2019年版》所載，主要的法律和條約大致可以分為七類（總則、警備救難、海洋汙染與海上災害、水路業務、海上交通、國際與危機管理，以及相關法令），除此之外還有眾多相關的行政命令（為了實施憲法與法律的規定，由內閣制定的命令）以及施行令。

比方說要追緝走私毒品的船舶時，就必須以違反關稅法和毒品取締法來逮捕犯人。當犯人是搭乘走私船的現行犯時，必須要將他引渡到陸地上，且因為在走私鏈下游，還有負責販賣毒品的集團成員存在，所以海保與警察乃至於海關的聯手是絕不可或缺的。簡單說，要追緝船上的毒品、大麻、興奮劑等物品，單靠海保本身是不行的，實際情況都是以和警察、海關聯手查緝居多。在這方面需要的相關法令，就有《毒品及相關精神藥物取締法》、《鴉片法》、《大麻取締法》等。又，厚勞省[3]也會配屬專門搜查毒犯的毒品取締官；這些人員和海上保安官一樣具備「特別司法警察職員」身分（刑事訴訟法第一百八十九條），具有強制搜查的權限。

從法源依據來看，海上保安廳法（第二條、第五條）雖然規定可以取締海上犯罪，但若

3 編註：厚生勞動省，負責健康、醫療、勞動等事務的部會。

是放眼走私等行為的話，還是必須根據違反關稅法（第六十七條）進行查緝、並對走私對象持有的毒品等違法藥物，依關稅法（第六十九條）與毒品取締法（第十三條）來加以處置。就像這樣，海保在海上犯罪方面被賦予了執行多種法律的權力，堪稱是執法機關的具體呈現；而這也是東南亞各國在將海上執法機關與海軍分離之際，往往以日本海上保安廳為參考模範的主要原因。

作為執法機關的海上保安廳，依循著法律和條約執行任務，並針對第一線的眾多問題展開執法，儼然就是法律本身的化身。日本提倡的「依法行政」，就是基於如此眾多的法源，透過高度複雜的執法所達成的產物，而日本也在這樣的脈絡下，達到了法治國家的極高層次。

不得擁有軍隊之類的組織

因為海上保安廳具備的是執法機關的功能，所以海上保安廳法明確規定，海保不得擁有「軍隊」之類的組織架構。「根據本法之規定，海上保安廳及其職員不得以軍隊方式進行組織或訓練，也不得從事任何被認定含有軍事機能的事務。」（第二十五條）對海保而言，這個「廳法第二十五條」是組織的基礎，也是他們不屬於軍隊，而是以海上執法機關方式加以組織的最關鍵要點。

當然，海上保安廳法因為是在日本於第二次世界大戰敗北、美國實施對日佔領政策的情況下所制定（一九四八年四月二十七日，法律第二十八號，五月一日施行），所以強烈反映了不允許日本重新武裝的佔領政策色彩。也正是在這樣的政治背景下，才誕生了以美國海岸防衛隊為樣本的海上保安廳。

可是，在這「第二十五條」規範下，海上保安廳不論內外情勢如何變動，都能以執法機關的身分追尋其始終一貫的任務，結果讓他們現在成為世界公認首屈一指的海上執法機關；從這點來看的話，這個「第二十五條」也堪稱是決定海上保安廳命運的最重要條文了。

自衛隊與海上保安廳

接下來，我要梳理一下海上保安廳與海上自衛隊（海自）之間的關係。從索馬利亞海盜問題的應對來看，海保與海自在許多問題上，都保持著緊密的合作關係。儘管兩者的角色從預算額度、人員規模、裝備品的質與量來看都有很大的差異，組織文化也彼此不同（海保的巡視船體都漆成白色，但海自的護衛艦都是漆成軍艦灰），但這兩個組織都很清楚，縱使有著明顯差異，到了第一線，還是必須維持起緊密協助的關係。

簡單說，當海上保安廳遇到在海上難以應對，甚至是根本不可能應付的情況時，就是自衛隊出手的時候了。根據自衛隊法第八十二條規定，自衛隊有權進行「海上警備行動」，其職責明記如下：「當防衛大臣面臨必須保護海上人民生命財產安全，或是維持治安等特別必要的情況時，可以在內閣總理大臣的認可下，命令自衛隊在海上展開必要行動。」

迄今為止，防衛大臣曾經三度發令展開「海上警備行動」：第一次是一九九九年三月，發生在能登半島海域的可疑船隻事件。當時海自護衛艦和反潛巡邏機P-3C對北韓的一艘小型高速船展開追逐，並進行威嚇射擊與投下炸彈。儘管海自與海保拚了命地追逐這艘船隻，但它最後還是安然逃回了本國；受到這個教訓，海保開始建造新型高速巡視艇，並將它們配置在面向日本海的管區。

第二次是在二〇〇四年十一月，一艘國籍不明的潛艦以潛航方式侵犯日本領海。後來查明，那是中國的漢級核潛艦。海上自衛隊和美軍從相當早開始，就一直尾隨著這艘中國潛艦，並正確掌握它的航跡。海保並沒有搭載足以探知潛艦的聲納的巡視船，因此必須仰賴海自的護衛艦與P－3C反潛巡邏機進行二十四小時的緊密追蹤，直到將中國潛艦趕出領海外為止。透過這起事件，中國對海自優秀的情報蒐集能力，有了相當程度的認識。

第三是二〇〇九年三月，當在索馬利亞海域的亞丁灣執行反海盜行動的時候，有海上保安官搭乘海自護衛艦進行執法。當時，持有自動步槍和RPG－7火箭彈的索馬利亞武裝海盜，對日本相關船舶發動了好幾起襲擊。這裡所謂的「日本相關船舶」，指的是船籍為日本、船員為日本人、或是運航管理由日本公司負責，總之是和日本具有某種關係的商船。由於海保具有損管能力、足以進行遠洋航海的大型巡視船只有「敷島」號一艘，所以要派遣到當地，就實際情況來說，其實相當困難。也正因如此，日本才派出兩艘海自的護衛艦，並讓海上保安官乘船進行執法。

由於海上警備行動的對象僅限日本相關船舶，因此為了把外國船隻也納入對象，日本政府在二〇〇九年六月制定了《海盜防治法》（全名為《有關海盜行為之處罰，暨防治海盜行為之相關法令》）。由於重視「依法行政」，日本在派遣自衛隊的時候，經常都要尋求法源依據。當緊急事態發生之際，首先以現行法為依據來面對危機，然後再火速制定新的法律；日本所採用的，就是這種現實的應對方式。

狀況發生時的統制權

當「一般的警察力」無法「有效維持治安」的時候，防衛大臣可以命令自衛隊出動維持治安。

根據自衛隊法七十六條有關「防衛出動」的規定，「內閣總理大臣在遇到以下事態發生，認為有必要防衛我國的情況下，可以命令全體或部分自衛隊出動。此等情況需依循《當面臨武力攻擊等危急存亡事態時，確保我國和平獨立及國家國民安全之相關法律》（平成十五年法律第七十九號）第九條之規定，並得到國會認可方能為之。」

接下來的條文中又明記，「（上文所說的事態）乃是指我國遭到來自外部的武力攻擊，或是明顯有遭到來自外部武力攻擊之危險性的狀態。」接著在規範自衛隊出動維護治安的第七十八條中也明定，「內閣總理大臣在面臨間接侵略或其他緊急事態，認定一般警察力已無法維持治安之際，得命令全體或部分自衛隊出動。」

另一方面，在海上保安廳這邊，根據自衛隊法第八十條，當日本有事之際，防衛大臣可以將海保「置於統制之下」。也就是說，當日本遭到來自外部的武力攻擊，國家處於危急存亡之秋的時候，防衛大臣可以將海保納入統制下並加以指揮。

讓我們再確認一下這些條文。自衛隊法中關於「海上保安廳之統制」的條文，包括了第八十條第一項：「當內閣總理大臣按照第七十六條第一項（僅限於有關第一款的部分）以及第七十八條第一項，對全體或部分自衛隊下達出動命令的時候，可以在認定有特別必要的情況下，將全體或部分海上保安廳納入防衛大臣的統制下。」在接下來的第二項中又說：「當內閣總理大臣按照前項規定，將全體或部分海上保安廳納入防衛大臣統制下時，必須另外發布行政命令，讓防衛大臣得以指揮之。」

就如以上所述，日本設有能夠經內閣總理大臣（首相）下令，將海保置於防衛大臣麾下的規定。但直到現在為止，還從來沒有使用過這種權限。不過在這些條文中必須注意的，是海上保安廳的定位。當第八十條發動之際，防衛大臣究竟要怎樣把海保納入節制之下，對此並沒有具體的條文加以規範。若是以自衛隊為中心進行考量，那可以解讀成是為了「防衛」，而將海保置於節制之下；但若是以海保為中心進行考量，由於他們說到底並不是以「軍隊」形式加以組織訓練的團體，所以應該是以徹頭徹尾的執法機關之姿，來加入防衛大臣的麾下。

為了去除這種法律修辭上的曖昧性，小淵惠三內閣的防衛廳長官野呂田芳成在一九九九年五月，第一四五屆國會「參議院針對日美聯防方針之特別委員會」上，就明白表示政府的官方見解是「就算海保被納入防衛廳長官的指揮下，它的任務也不會有所變更」[4]。換言之，這項規定的意義就是：當有事之際，能夠讓日本的整體防衛能力乃至於治安層級，一下子提升上去。

雖然海保和海自在索馬利亞與亞丁灣的反海盜行動中建立起高度的合作關係，但就現實來說，這兩個組織還是各有一套自己的路數，也必須被當成獨立且個別的組織來看待才行。海上保安廳自從以執法機關之姿成立以來，歷經七十多年的歲月，已經形成高度的組織化，和身為準軍事組織的美國海岸防衛隊走的道路也迥然相異，這點我們必須特別留意。

對國際執法機關的支援

日本既然矢言在海洋「依法行政」，也就是創造出一個遵守海洋法公約的國際社會，那自然有必要支援世界各地的海上執法機關。

日本對開發中國家海上執法機關的支援，在亞洲的核心——印太地區有著相當不錯的實績。即使在海上執法領域，海保和外務省以及JICA也建立起密切的合作關係，從而產生出一套支援開發中國家執法機關的架構。現在，日本也秉持著「自由開放的印度洋—太平洋」這一外交方針，不斷擴大、強化發展中國家的海上執法能力。

在這裡，我想特別提及兩個計畫：

第一是「海上犯罪取締」研習營（JICA專題研習）；這項計畫是以菲律賓、馬來西亞、印尼、越南等東南亞各國為中心，從南太平洋、南亞、中東阿拉伯地區、非洲等地聘請海上執法領域的專家前來日本，進行為期一個月的集中研習。參與研習的學員在接受國際

4 編註：防衛廳乃現今防衛省的前身。

法與法令授業的同時，也會針對海洋安全保障、打擊海盜、犯罪搜查程序、防止偷渡、緝毒方法等有關取締海上犯罪的知識，進行全方面的學習。就像這樣，日本從中長期的觀點出發，重視人才培育，並為世界執法機關的網絡化作出一份貢獻。

第二是成立以「提升開發中國家執法機關能力」（Capacity Building）為目的的專屬部門「機動合作團隊」（Mobile Cooperation Team, MCT）。這個定位為「支援外國海上保安機關提升能力之專屬部門」的團隊，誕生於二〇一七年。該團隊從海上保安廳的特殊救難隊、特別警備隊、機動防除隊[5]中選拔出有經驗的人員，透過外務省與ＪＩＣＡ的合作管道派遣到發展中國家的第一線進行技術支援。他們的支援內容包括了海上執法、搜索救助、清除油汙、船艇維護管理的指導，除此之外也會進行海上執法業務的授課。基本上，這是參考美國海岸防衛隊的「機動訓練團隊」（International Mobile Training Branch, MTB）而設立的組織。

除了這些以外，海上保安廳也和政策研究大學院大學（東京）攜手合作，開闢研究所課程「海上保安政策學程」，招攬發展中國家的學生前來研習，為「海上執法」在教育方面盡一份心力。

日本對發展中國家的支援歷史相當悠久，不只在菲律賓、馬來西亞、印尼、越南等國都有積極活躍的行動，在從海軍分離出海岸防衛隊、海上警察等執法機關的組織化過程中，也提供了不少建議；而今，這些成果正一步步開花結果。菲律賓在一九六七年以美國海岸防衛隊為模範，從海軍中分出了海岸防衛隊，並在一九九八年將之轉移到交通部轄下，接受海保與JICA的支援整頓，堪稱是東南亞地區的先驅。

日本和東南亞乃至印度展開正式國際合作的契機，是始自一起海盜事件。一九九九年，在分隔印尼與馬來西亞的馬六甲海峽，有一艘日本船公司所擁有的巴拿馬籍貨船「亞龍卓彩虹」號（*Alondra Rainbow*，船長與輪機長是日本人，船員是菲律賓人），遭到了海盜的襲擊。船員搭上救生艇四處漂流，最後全員平安獲救。至於船隻本身，則是在印度西方被印度海岸防衛隊捕捉到蹤影，經過一陣槍戰後，將這群海盜全部逮捕。馬六甲海峽是世界貿易的大動脈，對日本而言，也是堪稱海上交通道（Sea lines of communication, SLOC）的貿易生命線。受到這起海盜事件影響，日本下定決心，要和東南亞各國以及印度展開國際合作。

海上保安廳在二〇〇〇年四月和「日本財團」一起召開了「國際防範海盜會議」，就防

5 譯註：當石油或化學藥品等危險物質洩漏到海上時，負責應變處理的專門團隊。

範亞洲海域海盜的策略展開探討，最後通過了「亞洲海盜防範之挑戰二〇〇〇」這項決議，作為攜手合作對抗海盜的大方針。從這項決議延伸出去，誕生了由日本主導的亞洲海上保安機關首長會議、北太平洋海上保安論壇，以及世界海上保安機關首長會議等。以日本為中心，一個地區乃至世界性的海上執法機關網絡正在構成。

朝向「自由開放的印度太平洋」邁進

海洋霸權的歷史，是眾多參與者一步一腳印、共同開闢的軌跡。積極探尋豐饒海洋的各國，在歷史的時間軸中採取了怎樣的行動，和動盪的國際情勢間有著怎樣的連繫、又發生了怎樣的插曲？在本書中，我試著以淺顯易懂的方式，對這些東西加以描述。

對世界各國而言，即使是海洋仍處自由無秩序的時代，各國也已經不斷嘗試著要將海洋納入自己的地理支配之下。在這樣的過程中，出現了幾個足稱海洋地緣政治學萌芽的現象。這些現象以大航海時代西班牙、葡萄牙對大西洋的分割為開端，接著是十七世紀正式展開海洋霸權競爭的英荷戰爭。當以海外貿易為中心的荷蘭跨足海洋之後，十八到十九世紀接踵而來的則是英國對海洋的掌控，以及建設起世界規模的海洋帝國。自由且無秩序的海洋，自此遂成為掌控的對象。進入二十世紀後，這個掌控的主角又轉移到美國身上。

第二次世界大戰後，以美國發表杜魯門宣言為契機，以開發中國家為首的世界各國，紛紛起而將海洋納入自己的掌控。面對這股趨勢，為了規範對海洋的無秩序分割，海洋法公約被制定了出來，以國際共識之姿對海洋進行管理，而海洋的歷史也自此跨入了新的一頁。

可是，當時序邁入二十一世紀後，這個管理體制又面對了中國的挑戰。對此，日本則是從堅守國際海洋規則的立場出發，強調「依法行政」。

在本章的開頭，我就一再提及堪稱日本家傳絕學的「執法」的重要性，但執法機關並不是萬能的。畢竟，要是海上不存在能夠「執法」或「依法行政」的環境，那「執法機關」也就不可能充分發揮作用。換句話說，就是得要各國都有強烈的意識去遵守國際法和海洋規則，且認定「不遵守這樣的規則不行」，要有這樣的國際環境才可以。故此，從平時開始打好基礎，整頓出不讓本國受到外國武力攻擊，或是足以嚇阻武力攻擊的防衛力（軍事力），乃是相當重要之事。

今後日本具體的應對方式，應該就是將政府的基本方針——「自由開放的印度太平洋」

這一概念加以落實了吧！這也就是說，未來要將「成長股的亞洲」和「潛力股的非洲」這兩塊大陸以及兩大洋（太平洋、印度洋）當成是「國際公共財」，以「自由開放的方式」加以連結起來。為了讓這個地區獲得和平、安定與繁榮，靈活運用「不屬於軍隊」的「高度執法機關」，這就是日本堅持追尋，屬於自己要走的路。

然而，對擁護「海洋憲法」（海洋法公約）、以秩序和協調為前提的二十一世紀海洋世界建構來說，中國是一個相當不安定的要素。在這樣的情況下，日本做為國際社會的領袖，更應該在外交、防衛、執法（外交力、軍事力、警察力）這三方面強化海洋秩序的架構，以遏阻意圖挑戰海洋秩序的中國步步進逼。和十九世紀的海洋霸者英國，二十世紀代表性的「海上力量」美國不同，日本該走的路，就是在海上執法領域，扮演起重要的角色。

後記

我不得不暫且停下我最喜歡的活動——在新幹線的中途下車。

這是我長年以來的愛好，比方說若是去福岡辦事、搭乘新幹線回到東京的話，我就會特地在中途下車一趟。新幹線沿途有很多美麗的城鎮，比如說小倉、門司、下關、岩國、廣島（還有吳市與下蒲刈港）、尾道、福山、倉敷、岡山（以及直島）、姬路（以及小豆島）、明石、神戶（以及寶塚）。但因為是在歸途中，只能決定一個下車地點，所以每次選擇該在哪裡下車，都是相當困難的決定。若是在福山站下車，可以一路走到宮崎駿監督構思《崖上的波妞》的原型地點——鞆之浦，在那裡可以感受到昔日「等待潮起」的港口城鎮風情，令人浮想連翩。如果搭乘高速巴士，沿著西瀨戶自動車道往四國的今治方向前進，還可以將瀨戶內海的美景盡收眼底。面對此情此景，我不禁獨自低語：這就是日本最純淨的原初風貌吧！

但，為了挪出本書的執筆時間，我不得不出此下策——將這個喜好給壓抑下來。因此當這本書終於得以順利出版，而我也能夠好好解除這個「封印」時，內心實在感到無比喜悅。

說實話，要處理將近四百年的海洋歷史，實在是一件有勇無謀的事情。原本我只是對海洋史單純抱持著疑問，想把大國設計的海洋秩序與海洋政策按照時間順序加以整理，所以才開始撰寫本書。可是在寫作過程，疑問就一個接一個湧出來——明明一般普遍認知的領海都是三海里，為什麼世界各國都要改成十二海里？為什麼經濟海域是兩百海里？為什麼會有鄰接區的概念產生？最近頻頻成為熱門話題的中國，為什麼要制定《領海法》？這些疑問彷彿把我誘進海洋史的迷宮中，讓我難以自拔。

作為研究對象，應該要把美國這樣的超級大國排除在外，這是基本方針；但是在處理海洋秩序這個主題時，又不能不深入探討美國複雜的海洋政策與法律。不只如此，當我在研究美國石油能源產業興盛的過程中，一步步踏進了十八到十九世紀的捕鯨產業領域，從而在無意之間得知了一般教科書中不曾提及、培里司令前來日本的真正目的。當我在寫到培里為了逼迫日本開國，前往浦賀和函館這段歷史的時候，不禁想起晴天時從函館山望出去的美景，為之讚嘆不已。執筆的時候偶爾像這樣「繞個小路」，不管對主題或是研究其實都很有幫助。

在脫稿為止的這段漫長過程中，其實我得到了許多人的寶貴賜教。我從海上保安廳、防衛省、海上自衛隊、外務省、JICA、國際交流基金、日本船主協會、全日本海員工會、日本郵船、郵船 Cruises 等單位，獲得了眾多的學習機會，在此謹致上誠摯的謝意。

我也和許多海上保安官進行交流，其中海上保安廳的佐藤雄二前長官，直到他正式公告就任長官之前的一週，我還在對他進行叨擾；當聽到他就任長官的時候，我的喜悅真是難以形容。佐藤先生上任之後，我仍然不只一次跑到長官室，直接求教於他；對我而言，他是獨一無二的指導教授。另一方面，當我前往領海警備的最前線——石垣島、宮古島、那霸、鹿兒島、福岡、門司、對馬、舞鶴、新潟等地探訪之際，除了觀摩巡視船艇以外，也透過許多的保安官，得以一窺第一線執法活動的狀況。拜佐藤前長官、他的繼任者以及各位保安官之賜，讓我得以宛如身歷實境地接觸到海上執法行政。

在防衛省方面，我也參與了理解防衛政策的各個場合；不管怎麼說，能搭乘海上自衛隊的練習艦「鹿島」號，從地中海經蘇伊士運河往紅海航行，這實在是獨一無二的難得經驗。透過視察橫須賀、吳、佐世保、舞鶴、大湊等海自的地方總監部，以及那霸、岩國、厚木的航空「基地」，還有陸上自衛隊與航空自衛隊的駐屯地，讓我對防衛力的重要性有更深一層的認識。

承蒙日本船主協會邀請我參加船協主辦的會議，並且讓我閱覽有價值的資料，在此深致謝意。

透過和全日本海員工會森田保己會長的寶貴對談，我得以理解有關第二次大戰期間動員的船員、海員，究竟是身處在怎樣嚴酷的環境之下，同時也承蒙他提供指示，讓我明白國際海員網絡的重要性。關西地方分部（神戶）的「戰歿船隻暨海員資料館」，在蒐集沉沒商船的照片與遺物之餘，也認真保管了船公司的社史等資料集，為了將日本的海事史流傳到後世，不斷腳踏實地的努力。

因為某種緣分，我和日本郵船的海務團隊有著長年的交情；他們不只提供社史與資料給我，還好幾次招待我前往位在橫濱的「日本郵船歷史博物館」與客貨船「冰川丸」。我在這所博物館裡，第一次聽聞到第二次世界大戰期間，有眾多民間商船戰歿的史實。我也承蒙郵船Cruises提供我搭乘「飛鳥二號」見習的機會，讓我能夠親身體會郵輪的工作以及經營環境。

要處理四百年的海洋史，必定會伴隨著眾多的事實誤認，記載疏漏，以及分析和解釋錯誤的可能。為了將這種疏漏減到最低，這次也感謝眾多有識之士向我提供意見。中國觀察家、產經新聞評論委員山本秀也先生、海上自衛隊前駐中國防衛官山本勝也一等海佐、國際政治暨現代史研究者永野隆行先生、島村直幸先生、水木義彥先生，還有其他許多專精海事的人們，在此謹讓我用這篇後記，向你們致上最誠摯的感謝之意。

中公新書的責任編輯上林達也先生，在精神與實務兩方面都給予筆者有力的支持，可說是全心投入在本書的編輯之上。由於我講話容易旁生枝節、變得蕪雜，因此原稿的篇幅相當浩繁；多虧上林先生為了將它壓縮到新書尺寸[1]，扮演起「執刀醫師」的角色，幫它動了大手術。

這次也要感謝我的妻子淳子，為每一章的架構與文章內容提供建議。她拿出主婦的看家本領，從旁進行技術翻譯和校閱的工作，給我的意見也更加嚴厲，實在是非常讓人可以信賴的夥伴。

竹田いさみ

（竹田勇美）

1　編註：日本的「新書」一般指的是以評論、報導、學術等形式的入門書，簡化濃縮時事知識，堪稱是社會人士的通識課本。題材主要是當代社會比較新的話題資訊，題材包羅萬象，尺寸則是以一〇點五 × 一七點三公分為大宗。

Schonfield, Hugh J., *The Suez Canal in World Affairs*, New York: Philosophical Library Publishers, 1953.

Truman, Harry S., *Executive Orders and Proclamations, XXXIII President of the United States: 1945-1953*, The American Presidency Project [https://www.presidency.ucsb.edu/]

United Nations, General Assembly, *Resolution Adopted by the General Assembly: Agreement Relating to the Implementation of Part XI of the United Nations Convention of the Law of the Sea of 10 December 1982*, Forty-Eight Session, Agenda Item 36.

U.S. Commission on Ocean Policy, *Review of U.S. Ocean and Coastal Law: The Evolution of Ocean Governance over Three Decades*, September 20, 2004.

U.S. Department of the Interior, Minerals Management Service, Gulf of Mexico OCS Region, *History of the Offshore Oil and Gas Industry in Southern Louisiana*, OCS Study, MMS 2008-042, 2013.

United States, Supreme Court, *United States v. California, United States Reports*, Vol. 332, 23 June 1947, pp. 19-46, Library of Congress, https://www.loc.gov/item/usrep332019/.

Young, John W., John Kent, *International Relations since 1945: A Global History*, Oxford: Oxford University Press, 2013.

Review, Vol. 20, No. 4, June 1960.

Louis, Wm. Roger, *Imperialism at Bay: The United States and the Decolonization of the British Empire, 1941-1945*, Oxford: Clarendon Press, 1977.

Major, John, *Prize Possession: The United States and the Panama Canal 1903-1979*, New York: Cambridge University Press, 1993.

Marder, Arthur J., *From the Dreadnought to Scapa Flow: The Royal Navy in the Fisher Era, 1904-1919, Vol. I, The Road to War, 1904-1914*, London: Oxford University Press, 1961.

Marder, Arthur J., *From the Dreadnought to Scapa Flow: The Royal Navy in the Fisher Era, 1904-1919, Vol. V, Victory and Aftermath (January 1981-June 1919)*, London: Oxford University Press, 1970.

Margolies, Daniel S., ed., *A Companion to Harry S. Truman*, West Sussex: Wiley-Blackwell, 2012.

McCullough, David G., *The Path between the Seas: The Creation of the Panama Canal 1870-1914*, New York: Simon & Schuster Paperbacks, 1977.

Meaney, Neville, *A History of Australian Defence and Foreign Policy, 1901-1923, Vol.1, The Search for Security in the Pacific, 1901-1914*, Sydney: Sydney University Press, 1976.

Priest, Tyler, *Claiming the Coastal Sea: The Battle for the "Tidelands , " 1937-1953, History of the Offshore Oil and Gas Industry in Southern Louisiana* :Vo.1, U.S. Department of the Interior, Minerals Management Service, Gulf of Mexico OCS Region, OCS Study, MMS 2004-042.

Pringle, Henry. F., *Theodore Roosevelt: A Biography*, New York: Harcourt, Brace and Company, 1931.

Reagan, Ronald, *Proclamation 5030: Exclusive Economic Zone of the United States of America*, March 10, 1983.

Sand, Peter H., *United States and Britain in Diego Garcia: The Future of a Controversial Base*, New York: Palgrave Macmillan, 2009.

1919.

Gray, Steven, *"Black Diamonds: Coal, the Royal Navy, and British Imperial Coaling Stations, circa 1870-1914,"* A Thesis Submitted in Fulfilment of the Requirements for the Degree of Doctor of Philosophy in History, University of Warwick, Department of History, 2014.

Hagedorn, Hermann and Sidney Wallach, *A Theodore Roosevelt Round-Up: A Biographical Sketch, Together with Selections from His Writings and Speeches, Views of His Contemporaries, and Cartoons of the Period*, New York: The Theodore Roosevelt Association, 1958.

Haggie, Paul, *Britannia at Bay: The Defence of the British Empire against Japan 1931-1941*, Oxford: Clarendon Press, 1981.

Haimbaugh, George D., Jr., "Impact of the Reagan Administration on the Law of the Sea", *Washington and Lee Law Review*, Vol. 46, No. 1, 1989.

Hollick, Ann L., *U.S. Foreign Policy and the Law of the Sea*, Princeton: Princeton University Press, 1981.

Holmes, Kim R., *U.N. Sea Treaty Still a Bad Deal for U.S.* (Commentary Defense), The Heritage Foundation, July14, 2011.

Hook, Steve W., Christopher M. Jones, eds., *Routledge Handbook of American Foreign Policy*, New York: Routledge, 2012

International Court of Justice, *Reports of Judgements, Advisory Opinions and Orders, Case Concerning Maritime Dispute (Peru v. Chile)*, Judgement of January 27, 2014.

Justia US Supreme Court, *United States v. California*, 332 U.S. 19, 1947.

Kaplan. Robert D., *Monsoon: The Indian Ocean and the Future of American Power*, New York: Random House Trade Paperbacks, 2011.

Keller, Ulrich, *The Building of the Panama Canal in Historic Photographs*, New York: Dover Publications, 1983.

Lehman, David, "The Legal Status of the Continental Shelf", *Louisiana Law*

吉田靖之「南シナ海における中国の「九段線」と国際法—歴史的水域及び歴史的権利を中心に」『海幹校戦略研究』(海上自衛隊幹部学校)第五巻第一号、二〇一五年六月
読売新聞政治部『基礎からわかる日本の領土・海洋問題』中央公論新社、二〇一二年
読売新聞政治部『「日中韓」外交戦争—日本が直面する「いまそこにある危機」』新潮社、二〇一四年
ラファルグ、フランソワ(藤野邦夫訳)『ブラッド・オイル—世界資源戦争』講談社、二〇〇九年
李国強「中国と周辺国家の海上国境問題」『境界研究』(北海道大学スラブ・ユーラシア研究センター)第一号、二〇一〇年
和田博文『海の上の世界地図—欧州航路紀行史』岩波書店、二〇一六年

英語文獻(僅載明英美相關書目)

Auchincloss, Louis, ed., *Theodore Roosevelt: The Rough Riders, An Autobiography*, New York: The Library of America, 2004.
Beloff, Max, *Imperial Sunset, Vol. I, Britain's Liberal Empire, 1897-1921*, New York: Alfred A. Knopf, 1970.
Borgerson, Scott G., *The National Interest and the Law of the Sea*, Council on Foreign Relations Press, Council Special Report No. 46, May 2009.
Bradford, James C., ed., *America, Sea Power, and the World*, West Sussex: Wiley-Blackwell, 2016.
California Franchise Tax Board, *Nonresidents: Taxability of Oil Royalties to Nonresidents*, Legal Ruling No. 203, September 17, 1957.
Daniel, Price, *Tidelands Controversy, The Handbook of Texas*, Texas State Historical Association (TSHA), June15, 2010.
Fisher, Lord, Admiral of the Fleet, *Memories*, London: Hodder and Stoughton,

七五四号、二〇一三年一一月
山本勝也「防衛駐在官の見た中国〈その四〉―海南島の中国海軍」海上自衛隊幹部学校戦略研究グループコラム〈一〇〉、二〇一一年一〇月一三日
山本勝也「防衛駐在官の見た中国〈その一〇〉―中国の海洋国土、公海と公空」海上自衛隊幹部学校戦略研究グループコラム〈二一〉、二〇一二年一月一二日
山本勝也「人民解放軍の意思決定システムにおける中国海軍の影響力―人民解放軍と海軍との海洋を巡る認識の差」『海幹校戦略研究』（海上自衛隊幹部学校）第二巻第一号、二〇一二年五月
山本勝也「防衛駐在官の見た中国（その一五）―国家海洋局と中国海警局」海上自衛隊幹部学校戦略研究グループコラム〈五九〉、二〇一五年二月二五日
山本勝也「中国の海上民兵と人道」『海外事情』（拓殖大学海外事情研究所）第六七巻第二号、二〇一九年三月
山本健太郎「竹島をめぐる日韓領土問題の近年の経緯―島根県の「竹島の日」制定から李明博韓国大統領の竹島上陸まで」『レファレンス』第七四一号、二〇一二年一〇月
山本草二『海洋法』三省堂、一九九二年
山本草二「国連海洋法条約の歴史的意味」『国際問題』第六一七号、二〇一二年
山本草二編『海上保安法制―海洋法と国内法の交錯』三省堂、二〇〇九年
山本秀也『南シナ海でなにが起きているのか―米中対立とアジア・日本』岩波書店、二〇一六年
山本秀也『習近平と永楽帝―中華帝国皇帝の野望』新潮社、二〇一七年
吉岡桂子『人民元の興亡―毛沢東・鄧小平・習近平が見た夢』小学館、二〇一七年

村田晃嗣『アメリカ外交―苦悩と希望』講談社、二〇〇五年
村田晃嗣『レーガン―いかにして「アメリカの偶像」となったか』中央公論新社、二〇一一年
村田良平『海洋をめぐる世界と日本』成山堂書店、二〇〇一年
メルヴィル、ハーマン（八木敏雄訳）『白鯨（上・中・下）』岩波書店、二〇〇四年
森川幸一「海上暴力行為」山本草二編『海上保安法制』所収
森田章夫「係争海域における活動の国際法上の評価」山本草二編『海上保安法制』所収
森田勝明『鯨と捕鯨の文化史』名古屋大学出版会、一九九四年
八木浩二「アメリカ海軍における空母の誕生と発展」田所昌幸、阿川尚之編『海洋国家としてのアメリカ』所収
薬師寺公夫「海洋汚染」山本草二編『海上保安法制』所収
谷内正太郎編『〈論集〉日本の外交と総合的安全保障』ウェッジ、二〇一三年
谷内正太郎編『〈論集〉日本の安全保障と防衛政策』ウェッジ、二〇一三年
柳井俊二、村瀬信也編『国際法の実践―小松一郎大使追悼』信山社、二〇一五年
矢吹晋『南シナ海領土紛争と日本』花伝社、二〇一六年
山岸寛『海運の年史』山縣記念財団、二〇一四年
山下渉登『捕鯨 II』法政大学出版局、二〇〇四年
山田恒彦、甘日出芳郎、竹内一樹『メジャーズと米国の戦後政策―多国籍石油企業の研究 I』木鐸社、一九七七年
山田吉彦『日本の海が盗まれる』文藝春秋、二〇一九年
山本章子『日米地位協定―在日米軍と「同盟」の 70 年』中央公論新社、二〇一九年
山本彩佳「尖閣諸島をめぐる日中の対外発信活動」『レファレンス』第

一一年
益尾知佐子「中国海洋行政の発展—南シナ海問題へのインプリケーション」『アジア研究』第六三巻第四号、二〇一七年一〇月
マッキンダー、ハルフォード・J（曽村保信訳）『マッキンダーの地政学—デモクラシーの理想と現実』原書房、二〇〇八年
松村清二郎編『ラテン・アメリカの石油と経済〈正編〉—メキシコとベネズエラ』アジア経済研究所、一九七〇年
松山健二「無害通航を行わない外国船舶への対抗措置に関する国際法上の論点：軍艦を中心に」『レファレンス』第七三二号、二〇一二年一月
水上千之『海洋法—展開と現在』有信堂高文社、二〇〇五年
水上千之『排他的経済水域』有信堂高文社、二〇〇六年
水木義彦『同盟の相剋—戦後インドシナ紛争をめぐる英米関係』千倉書房、二〇〇九年
三井船舶編『創業八十年史』三井船舶株式会社、一九五八年
峯村禎人「漢級潜水艦の領海侵犯事案」『海幹校戦略研究』（海上自衛隊幹部学校）第一巻第一号、二〇一一年五月
簑原俊洋「ローズヴェルト大統領と「海洋国家アメリカ」の建設」田所昌幸、阿川尚之編『海洋国家としてのアメリカ』所収
三船恵美『中国外交戦略—その根底にあるもの』講談社、二〇一六年
宮崎正勝『海図の世界史—「海上の道」が歴史を変えた』新潮社、二〇一二年
宮崎義一編『多国籍企業の研究』筑摩書房、一九八二年
村上暦造『領海警備の法構造』中央法規出版、二〇〇五年
村上暦造、森征人「海上保安庁法の成立と外国法制の継受—コーストガード論」、山本草二編『海上保安法制』所収
村瀬信也、奥脇直也ほか編『国家管轄権—国際法と国内法 山本草二先生古稀記念』勁草書房、一九九八年

一〇年一月
船橋洋一『21世紀地政学入門』文藝春秋、二〇一六年
船橋洋一『シンクタンクとは何か―政策起業力の時代』中央公論新社、二〇一九年
ブラック、ジェレミー（内藤嘉昭訳）『海軍の世界史―海軍力にみる国家制度と文化』福村出版、二〇一四年
ブラック、ジェレミー（矢吹啓訳）『海戦の世界史―技術・資源・地政学からみる戦争と戦略』中央公論新社、二〇一九年
古谷健太郎「民間武装警備員に関する国際的な基準の機能」鶴田順編『国際法講義』所収
ヘッドリク、ダニエル・R（原田勝正他訳）『帝国の手先―ヨーロッパ膨張と技術』日本経済評論社、一九八九年
ヘッドリク、ダニエル・R（原田勝正他訳）『進歩の触手―帝国主義時代の技術移転』日本経済評論社、二〇〇五年
ヘッドリク、ダニエル・R（横井勝彦、渡辺昭一監訳）『インヴィジブル・ウェポン：電信と情報の世界史 1851-1945』日本経済評論社、二〇一三年
防衛省、自衛隊『日本の防衛防衛白書〈平成三一年〉版』各年度版
防衛省防衛研究所『東アジア戦略概観 2019』各年度版
防衛省防衛研究所編『中国安全保障レポート 2019』各年度版
防衛大学校安全保障学研究会編著（武田康裕、神谷万丈責任編集）『新訂第五版安全保障学入門』亜紀書房、二〇一八年
細谷雄一『国際秩序――一八世紀ヨーロッパから二一世紀アジアへ』中央公論新社、二〇一二年
ポーター、アンドリュー・N 編著（横井勝彦、山本正訳）『大英帝国歴史地図―イギリスの海外進出の軌跡「1480 年～現代」』東洋書林、一九九六年
孫崎享『日本の国境問題―尖閣・竹島・北方領土』筑摩書房、二〇

日本再建イニシアティブ『現代日本の地政学―13のリスクと地経学の時代』中央公論新社、二〇一七年
日本船主協会編『日本船主協会沿革史』日本船主協会、一九三六年
日本船主協会編『日本船主協会30年史』日本船主協会、一九九七年
野中郁次郎『アメリカ海兵隊―非営利型組織の自己革新』中央公論社、一九九五年
バーク、ウィリアム・T（篠原孝監修）『海洋法と漁業―1982国連海洋法条約とその後』新水産新聞社、一九九六年
畑中美樹『石油地政学―中東とアメリカ』中央公論新社、二〇〇三年
畑中美樹『オイルマネー』講談社、二〇〇八年
濱川今日子「東シナ海における日中境界画定問題―国際法から見たガス田開発問題」『調査と情報』第五四七号、二〇〇六年六月
林久茂、山手治之、香西茂『海洋法の新秩序』東信堂、一九九三年
林司宣『現代海洋法の生成と課題』信山社出版、二〇〇八年
林司宣「島の海域と海面上昇」『島嶼研究ジャーナル』第二巻第一号、二〇一二年
林司宣、島田征夫、古賀衛『国際海洋法〈第二版〉』有信堂高文社、二〇一六年
バーンスタイン、ウィリアム（鬼澤忍訳）『華麗なる交易―貿易は世界をどう変えたか』日本経済新聞出版社、二〇一〇年
平川新『戦国日本と大航海時代―秀吉・家康・政宗の外交戦略』中央公論新社、二〇一八年
平松茂雄『中国軍現代化と国防経済』勁草書房、二〇〇〇年
平松茂雄『中国の戦略的海洋進出』勁草書房、二〇〇二年
ファベイ、マイケル（赤根洋子訳）『米中海戦はもう始まっている―21世紀の太平洋戦争』文藝春秋、二〇一八年
深町公信「違法漁業活動」山本草二編『海上保安法制』所収
福山潤三「海上保安庁の国際活動」『レファレンス』第七〇八号、二〇

第六五九号、二〇一七年三月
中津孝司『エネルギー資源争奪戦の深層—国際エネルギー企業のサバイバル戦略』創成社、二〇〇五年
中野勝哉「内水」山本草二編『海上保安法制』所収
納家政嗣、永野隆行編『帝国の遺産と現代国際関係』勁草書房、二〇一七年
西川武臣『ペリー来航—日本・琉球をゆるがした412日間』中央公論新社、二〇一六年
西倉一喜「中国領海法制定過程についての再検証—「尖閣諸島」明記をめぐる内部対立」『龍谷法学』第四八巻第一号、二〇一五年一〇月
西原正監修（平和・安全保障研究所編）『アジアの安全保障』朝雲新聞社、各年度版
西村弓「外国船舶に対する執行管轄権行使に伴う国家の責任」山本草二編、『海上保安法制』所収
日本郵船編『七十年史』日本郵船株式会社、一九五六年
日本郵船広報グループ編『航跡—日本郵船創業120周年記念』日本郵船株式会社、二〇〇四年
日本郵船総務部弘報室編『七つの海で一世紀—日本郵船創業100周年記念船舶写真集』日本郵船株式会社、一九八五年
日本郵船歴史博物館編『日本郵船歴史博物館—常設展示解説書』日本郵船株式会社、二〇〇五年
日本安全保障戦略研究所編著『中国の海洋侵出を抑え込む—日本の対中防衛戦略』国書刊行会、二〇一七年
日本エネルギー経済研究所,石油天然ガス・金属鉱物資源機構編『石油・天然ガス開発のしくみ—技術・鉱区契約・価格とビジネスモデル』化学工業日報社、二〇一三年
日本再建イニシアティブ『民主党政権失敗の検証—日本政治は何を活かすか』中央公論新社、二〇一三年

各年版
塚本孝「対日平和条約と竹島の法的地位」『島嶼研究ジャーナル』第二巻第一号、二〇一二年
土屋大洋「海底ケーブルと通信覇権―電信の大英帝国からインターネットのアメリカへ」田所昌幸、阿川尚之編『海洋国家としてのアメリカ』所収
土屋大洋編著『アメリカ太平洋軍の研究―インド・太平洋の安全保障』千倉書房、二〇一八年
筒井清忠編『昭和史講義〈二〉―専門研究者が見る戦争への道』筑摩書房、二〇一六年
都留康子「アメリカと国連海洋法条約―"神話"は乗り越えられるのか」『国際問題』第六一七号、二〇一二年一二月
都留康子「国連海洋法条約と日本外交―問われる海洋国家像」グローバル・ガバナンス学会編『グローバル・ガバナンス学Ⅰ』法律文化社、二〇一八年
鶴田順『国際法講義―副読本』成文堂、二〇一八年
鶴田順編『海賊対処法の研究』有信堂高文社、二〇一六年
ドッズ、クラウス（野田牧人訳）『地政学とは何か』NTT出版、二〇一二年
トルーマン、ハリー・S（加瀬俊一監修、堀江芳孝訳）『トルーマン回顧録〈1〉―決断の年』恒文社、一九六六年
トルーマン、ハリー・S（加瀬俊一監修、堀江芳孝訳）『トルーマン回顧録〈2〉―試錬と希望の年』恒文社、一九六六年
内外出版編『防衛実務小六法〈平成3年版〉』内外出版、二〇一九年
中尾巧、城祐一郎、竹中ゆかり、谷口俊男『海事犯罪―理論と捜査』立花書房、二〇一〇年
長島昭久『「活米」という流儀―外交・安全保障のリアリズム』講談社、二〇一三年
中谷和弘「南シナ海比中仲裁判断と海洋における法の支配」『国際問題』

一九八七年
高林秀雄『国連海洋法条約の成果と課題』東信堂、一九九六年
高原明生、前田宏子『開発主義の時代へ―1972-2014〈シリーズ中国近現代史（五）〉』岩波書店、二〇一四年
高原明生「仲裁判断後の南シナ海をめぐる中国外交」『国際問題』第六五九号、二〇一七年三月
竹田いさみ『物語オーストラリアの歴史―多文化ミドルパワーの実験』中央公論新社、二〇〇〇年
竹田いさみ『世界史をつくった海賊』筑摩書房、二〇一一年
竹田いさみ『世界を動かす海賊』筑摩書房、二〇一三年
竹田いさみ「中国の南シナ海進出最前線―海南島を拠点に展開される戦略と戦術とは？」『Voice』二〇一七年二月
田島高志（高原明生、井上正也編集協力）『外交証言録 日中平和友好条約交渉と鄧小平来日』岩波書店、二〇一八年
立川京一、石津朋之、道下徳成、塚本勝也編著『シー・パワー―その理論と実践〈シリーズ軍事力の本質 2〉』芙蓉書房出版、二〇〇八年
田所昌幸編『ロイヤル・ネイヴィーとパクス・ブリタニカ』有斐閣、二〇〇六年
田所昌幸、阿川尚之編『海洋国家としてのアメリカ―パクス・アメリカーナへの道』千倉書房、二〇一三年
田中利幸「海上執行措置法令の国内法体系における地位」山本草二編『海上保安法制』所収
田中則夫『国際海洋法の現代的形成』東信堂、二〇一五年
田中嘉文「国連海洋法条約体制の現代的課題と展望」『国際問題』第六一七号、二一〇二年一二月
田村茂編著『海、船、そして海運―わが国の海運とともに歩んだ山縣記念財団の 70 年』山縣記念財団、二〇一二年
中国綜合研究所・編集委員会編『現行中華人民共和国六法』ぎょうせい、

スタンデージ、トム（服部桂訳）『ヴィクトリア朝時代のインターネット』NTT出版、二〇一一年
須藤繁『石油地政学の新要素—石油情勢に影響を与える諸要因』同友館、二〇一〇年
スパイクン、ニコラス・J（奥山真司訳）『平和の地政学—アメリカ世界戦略の原点』芙蓉書房出版、二〇〇八年
瀬田真『海洋ガバナンスの国際法—普遍的管轄権を手掛かりとして』三省堂、二〇一六年
芹田健太郎『島の領有と経済水域の境界画定』有信堂高文社、一九九九年
銭其琛（濱本良一訳）『銭其琛回顧録—中国外交20年の証言』東洋書院、二〇〇六年
全日本海員組合十五年史編纂委員会編『全日本海員組合十五年史』全日本海員組合、一九六三年
全日本海員組合、日本経営史研究所編『全日本海員組合四十年史—海上労働運動七十年のあゆみ』全日本海員組合、一九八六年
全日本海員組合編『海なお深くー徴用された船員の悲劇（上・下）』全日本海員福祉センター、二〇一七年
戦没した船と海員の資料館編『戦没船写真集』全日本海員組合、二〇〇一年
曽村保信『海洋と国際政治』小峰書店、一九七〇年
曽村保信『地政学入門—外交戦略の政治学』中央公論社、一九八四年
曽村保信『海の政治学—海はだれのものか』中央公論社、一九八八年
高井晉「韓国竹島領有論の再吟味」『島嶼研究ジャーナル』第二巻第一号、二〇一二年
高井晉「対日平和条約第2条と日本固有の領土」『島嶼研究ジャーナル』第四巻第一号、二〇一四年
高林秀雄『領海制度の研究〈第3版〉—海洋法の歴史』有信堂高文社、

佐藤考一『「中国脅威論」とASEAN 諸国—安全保障・経済をめぐる会議外交の展開』勁草書房、二〇一二年
佐藤任弘『海洋と大陸棚』共立出版、一九七〇年
佐藤任弘『深海底と大陸棚』共立出版、一九八一年
佐藤優『使える地政学—日本の大問題を読み解く』朝日新聞出版、二〇一六年
佐藤優『現代の地政学』晶文社、二〇一六年
佐藤雄二『波濤を越えて—叩き上げ海保長官の重大事案ファイル』文藝春秋、二〇一九年
篠田英朗『国際社会の秩序』東京大学出版会、二〇〇七年
篠原初枝『国際連盟—世界平和への夢と挫折』中央公論新社、二〇一〇年
島田征夫『開国後日本が受け入れた国際法—19 世紀における慣習国際法の研究』成文堂、二〇一三年
島村直幸『〈抑制と均衡〉のアメリカ政治外交—歴史・構造・プロセス』ミネルヴァ書房、二〇一八年
下平拓哉『日本の海上権力—作戦術の意義と実践』成文堂、二〇一八年
シューマン、ロナルド・ビー（世界経済調査会訳）『アメリカの石油産業』世界経済調査会、一九四二年
JOGMEC（石油天然ガス・金属鉱物資源機構）調査部編『石油資源の行方—石油資源はあとどれくらいあるのか』コロナ社、二〇〇九年
白石隆『海の帝国ーアジアをどう考えるか』中央公論新社、二〇〇〇年
杉田弘毅『「ポスト・グローバル時代」の地政学』新潮社、二〇一七年
杉原高嶺『海洋法と通航権』日本海洋協会、一九九一年
鈴木祐二「『海政学』の試み（一・二・三）」『海外事情』二〇一七年三月・二〇一八年三／四月・二〇一九年三／四月
スタヴリディス、ジェイムズ（北川知子訳）『海の地政学—海軍提督が語る歴史と戦略』早川書房、二〇一七年

小寺彰「領海外沿岸海域における執行措置―接続水域・排他的経済水域・大陸棚における沿岸国権限とその根拠」山本草二編『海上保安法制』所収
小橋雅明「運輸政策トピックス「領海等における外国船舶の航行に関する法律」について」『運輸政策研究』第一巻第三号、二〇〇八年
呉士存（朱建栄訳）『中国と南沙諸島紛争―問題の起源、経緯と「仲裁裁定」後の展望』花伝社、二〇一七年
コール、スティーブ（森義雅訳）『石油の帝国ーエクソンモービルとアメリカのスーパーパワー』ダイヤモンド社、二〇一四年
斎藤誠「海上執行措置の組織法と作用法」「国際法の国内法化と海上保安法制の整備―国内法の視点から」山本草二編『海上保安法制』所収
齋藤道彦『南シナ海問題総論』中央大学出版部、二〇一九年
坂元一哉『日米同盟の絆―安保条約と相互性の模索』有斐閣、二〇〇〇年
坂元茂樹「領海」山本草二編『海上保安法制』所収
坂元茂樹「尖閣諸島をめぐる中国国内法の分析」『島嶼研究ジャーナル』第四巻第一号、二〇一四年
坂元茂樹『日本の海洋政策と海洋法』信山社、二〇一八年
坂元茂樹編著『国際海峡』東信堂、二〇一五年
笹川平和財団海洋政策研究所編『海洋安全保障情報季報（旧海洋情報季報）』（各年度版）
笹川平和財団海洋政策研究所編『海洋白書 2019』（各年度版）
佐々木雄一『陸奥宗光―「日本外交の祖」の生涯』中央公論新社、二〇一八年
佐藤考一「中国と「辺疆」―海洋国境―南シナ海の地図上のU字線をめぐる問題」『境界研究』（北海道大学スラブ・ユーラシア研究センター）第一号、二〇一〇年

君塚直隆『ヴィクトリア女王—大英帝国の“戦う女王”』中央公論新社、二〇〇七年
君塚直隆、細谷雄一、永野隆行編『イギリスとアメリカ—世界秩序を築いた四百年』勁草書房、二〇一六年
倉品剛「米国コーストガードの制度分析—シップライダー制度の事例分析から見た成立要件」『海保大研究報告〈法文学系〉』第六一巻第二号、二〇一七年
栗林忠男、杉原高嶺編『海洋法の歴史的展開（現代海洋法の潮流 第一巻）』有信堂高文社、二〇〇四年
クレア、マイケル・T（柴田裕之訳）『血と油—アメリカの石油獲得戦争』日本放送出版協会、二〇〇四年
小池滋、青木栄一、和久田康雄編『鉄道の世界史』悠書館、二〇一〇年
小泉悠『「帝国」ロシアの地政学—「勢力圏」で読むユーラシア戦略』東京堂出版、二〇一九年
高坂正堯『海洋国家日本の構想』中央公論新社、二〇〇八年
香田洋二『賛成・反対を言う前の集団的自衛権入門』幻冬舎、二〇一四年
国分良成『中国政治からみた日中関係』岩波書店、二〇一七年
小谷賢『日英インテリジェンス戦史ーチャーチルと太平洋戦争』早川書房、二〇一九年
小谷俊介「南シナ海における中国の海洋進出および「海洋権益」維持活動について」『レファレンス』第七五四号、二〇一三年一一月
小谷節男『アメリカ石油工業の成立』関西大学出版部、二〇〇〇年
小谷哲男「中国が脅かす海洋安全保障」日本再建イニシアティブ『現代日本の地政学』所収
小谷哲男「南シナ海仲裁判断後の東シナ海—南シナ海問題との相関関係」『国際問題』第六五九号、二〇一七年三月

川上高司『米軍の前方展開と日米同盟』同文舘出版、二〇〇四年
川崎汽船（株）編『川崎汽船五十年史』川崎汽船株式会社、一九六九年
川崎汽船（株）編『川崎汽船100年史』川崎汽船株式会社、二〇一九年
川島真『中国のフロンティアー揺れ動く境界から考える』岩波書店、二〇一七年
河野真理子「南シナ海仲裁の手続と判断実施の展望」『国際問題』第六五九号、二〇一七年
河野真理子「管轄権判決と暫定措置命令から見た国連海洋法条約の下での強制的紛争解決制度の意義と限界」柳井俊二、村瀬信也編『国際法の実践—小松一郎大使追悼』、信山社、二〇一五年
川村純彦『尖閣を獲りに来る中国海軍の実力—自衛隊はいかに立ち向かうか』小学館、二〇一二年
北岡伸一『後藤新平—外交とヴィジョン』中央公論社、一九八八年
北岡伸一『門戸開放政策と日本』東京大学出版会、二〇一五年
北岡伸一『世界地図を読み直すー協力と均衡の地政学』新潮社、二〇一九年
北川佳世子「密輸と組織犯罪」山本草二編『海上保安法制』所収
北川敬三「ネイバルアカデミズムの誕生—スティーヴン・ルースの海軍改革」田所昌幸、阿川尚之編『海洋国家としてのアメリカ』所収
橘川武郎『戦前日本の石油攻防戦——九三四年石油業法と外国石油会社』ミネルヴァ書房、二〇一二年
木畑洋一『二〇世紀の歴史』岩波書店、二〇一四年
木畑洋一『帝国航路を往くーイギリス植民地と近代日本』岩波書店、二〇一八年
君塚直隆『パクス・ブリタニカのイギリス外交ーパーマストンと会議外交の時代』有斐閣、二〇〇六年

年版も参照）
外務省ウェブ公開資料「海の法秩序と国際海洋法裁判所」（二〇一〇年七月二三日）、「国連海洋法条約と日本」（二〇一八年三月）、「大陸棚限界委員会」（二〇一八年六月一二日）、「海洋の国際法秩序と国連海洋法条約」（二〇一八年六月二五日）
外務省経済局海洋課監修『英和対訳国連海洋法条約〈正訳〉』日本海洋協会、一九九七年
海洋政策研究財団編『中国の海洋進出—混迷の東アジア海洋圏と各国対応』成山堂書店、二〇一三年
霞山会編『東亜 East Asia』月刊各号
梶原みずほ『アメリカ太平洋軍—日米が融合する世界最強の集団』講談社、二〇一七年
勝股秀通『自衛隊、動く—尖閣・南西諸島をめぐる攻防』ウェッジ、二〇一四年
加藤聖文『「大日本帝国」崩壊—東アジアの 1945 年』中央公論新社、二〇〇九年
兼原敦子「執行手続における特別事情—実体的基盤と手続き的基盤からみた追跡権の展開」山本草二編『海上保安法制』所収
兼原敦子「排他的経済水域の沿岸国の権利—アークティック・サンライズ号事件を素材として」『上智法学論集』第六〇巻、二〇一七年三月
兼原敦子「南シナ海仲裁判断（本案）にみる国際法の妥当性の論理」『国際問題』第六五九号、二〇一七年三月
兼原信克『戦略外交原論』日本経済新聞出版社、二〇一一年
カプラン、ロバート・D（奥山真司訳）『南シナ海が“中国海”になる日—中国海洋覇権の野望』講談社、二〇一六年
加茂具樹編著『中国対外行動の源泉』慶應義塾大学出版会、二〇一七年
茅原郁生『中国人民解放軍—「習近平軍事改革」の実像と限界』PHP 研究所、二〇一八年

文学系』第六一巻第一号、二〇一六年
奥脇直也「海上執行措置における国際協力」「国際法から見た国内法整備の課題」山本草二編『海上保安法制』所収
奥脇直也「海洋紛争の解決と国連海洋法条約」『国際問題』第六一七号、二〇一二年一二月
尾崎重義「尖閣諸島と日本の領有権（緒論その2）」『島嶼研究ジャーナル』第二巻第一号、二〇一二年
小田滋『海洋の国際法構造』有信堂、一九五六年
小田滋『海の資源と国際法 I』有斐閣、一九七一年
小田滋『海の資源と国際法 II』有斐閣、一九七二年
小田滋『海洋法研究』有斐閣、一九七五年
小田滋「国際法の現場から』ミネルヴァ書房、二〇一三年
小高泰「中国の攻勢に戸惑うベトナム」『海外事情』第六五巻第一〇号、二〇一七年一〇月
越智均「尖閣諸島をめぐる中国の動向分析」『海保大研究報告〈法文学系〉』第五九巻第一号、二〇一四年
小原凡司『中国の軍事戦略』東洋経済新報社、二〇一四年
小原凡司『世界を威嚇する軍事大国・中国の正体』徳間書店、二〇一六年
海上自衛隊幹部学校編『海幹校戦略研究』各年度各号
海上保安大学校編『海保大研究報告』各年度各号
海上保安庁『海上保安レポート 2019』海上保安庁、二〇一九年（各年度版も参照）
海上保安庁監修『海上保安六法〈2019 年度版〉』成山堂書店、二〇一九年
「海上保安庁のすべて」『世界の艦船』第九〇二号、二〇一九年、六月号増刊
外務省『外交青書二〇一九（令和元年版）』外務省、二〇一九年（各

〇一九年
梅野巨利『国際資源企業の国有化』白桃書房、一九九二年
浦野起央『南シナ海の領土問題―分析・資料・文献』三和書籍、二〇一五年
江藤淳一「海洋境界画定に関する国際判例の動向」『国際問題』第五六五号、二〇〇七年
衛藤征士郎『海の平和を守る―海賊対処と日本の役割〈対談・座談集三〉』日本海事新聞社、二〇一八年
榎本珠良編著『国際政治史における軍縮と軍備管理』日本経済評論社、二〇一七年
エングラー、ロバート（瀬木耿太郎訳）『オイル・ロビー』毎日新聞社、一九八一年
大阪商船編『大阪商船株式会社五十年史』大阪商船株式会社、一九三四年
大阪商船三井船舶株式会社総務部社史編纂室、日本経営史研究所編『創業百年史』大阪商船三井船舶株式会社、一九八五年
大塚裕史「密航」山本草二編『海上保安法制』所収
大野哲弥『国際通信史でみる明治日本』成文社、二〇一二年
大野哲弥『通信の世紀―情報技術と国家戦略の一五〇年史』新潮社、二〇一八年
岡田泰男『アメリカ経済史』慶應義塾大学出版会、二〇〇〇年
岡村志嘉子「中国の愛国主義教育に関する諸規定」『レファレンス』第六四七号、二〇〇四年一二月
岡村志嘉子「南シナ海周辺国に対する中国の外交姿勢―ベトナム・フィリピンとの関係」『レファレンス』第七九六号、二〇一七年五月
小川聡、大木聖馬『領土喪失の悪夢―尖閣・沖縄を売り渡すのは誰か』新潮社、二〇一四年
奥薗淳二「国際的外部環境の変化と海上保安庁」『海保大研究報告〈法

一九年
麻田貞雄編・訳『マハン海上権力論集』講談社、二〇一〇年
浅野亮、山内敏秀編『中国の海上権力―海軍・商船隊・造船～その戦略と発展状況』創土社、二〇一四年
浅羽良昌『アメリカ経済 200 年の興亡』東洋経済新報社、一九九六年
阿部純一『中国軍の本当の実力』ビジネス社、二〇〇六年
有賀貞『国際関係史―16 世紀から 1945 年まで』東京大学出版会、二〇一〇年
有賀貞『現代国際関係史―1945 年から 21 世紀初頭まで』東京大学出版会、二〇一九年
飯倉章『第一次世界大戦史―諷刺画とともに見る指導者たち』中央公論新社、二〇一六年
飯田敬輔『経済覇権のゆくえ―米中伯仲時代と日本の針路』中央公論新社、二〇一三年
飯田将史『海洋へ膨張する中国―強硬化する共産党と人民解放軍』角川マガジンズ、二〇一三年
五百旗頭真『日米戦争と戦後日本』講談社、二〇〇五年
池田清『海軍と日本』中央公論社、一九八一年
石井彰、藤和彦『世界を動かす石油戦略』筑摩書房、二〇〇三年
伊藤俊幸「尖閣諸島「危機」―急務は「海保」の拡充だ」「フォーサイト」（新潮社ウェブ版）二〇一六年八月一七日
伊藤俊幸「国際法無視の中国「海洋国土」論（上・下）」『フォーサイト』（新潮社ウェブ版）二〇一七年一月二六日、二七日
猪木正道『軍国日本の興亡―日清戦争から日中戦争へ』中央公論社、一九九五年
岩下明裕『北方領土問題―4 でも 0 でも、2 でもなく』中央公論新社、二〇〇五年
後瀉桂太郎『海洋戦略論―大国は海でどのように戦うのか』勁草書房、二

參考文獻

日文、翻譯書

青山瑠妙『中国のアジア外交』東京大学出版会、二〇一三年

阿川尚之『海の友情―米国海軍と海上自衛隊』中央公論新社、二〇〇一年

阿川尚之「海洋国家アメリカの夢―合衆国憲法の制定と海軍の誕生」田所昌幸、阿川尚之編『海洋国家としてのアメリカ』所収

秋田茂『イギリス帝国の歴史―アジアから考える』中央公論新社、二〇一二年

秋田茂編『パクス・ブリタニカとイギリス帝国』、ミネルヴァ書房、二〇〇四年

秋田浩之『乱流―米中日安全保障三国志』日本経済新聞出版社、二〇一六年

秋元千明『戦略の地政学―ランドパワーのシーパワー』ウェッジ、二〇一七年

秋山昌廣、栗林忠男編著『海の国際秩序と海洋政策（海洋政策研究叢書I）』東信堂、二〇〇六年

秋山昌廣「尖閣諸島に関する地政学的考察」『島嶼研究ジャーナル』第二巻第一号、二〇一二年

浅井一男「海上事故防止協定（INCSEA）による信頼醸成―過去の事例と日中海空連絡メカニズムの課題」『レファレンス』第七七〇号、二〇一五年三月

朝雲新聞社出版業務部編著『防衛ハンドブック2019』朝雲新聞社、二〇

海上霸權

從捕鯨業到自由航行的海洋地緣史

海の地政学：覇権をめぐる400年史

作者：竹田勇美（竹田いさみ）
譯者：鄭天恩
主編：區肇威（查理）
校對：魏秋綢
封面設計：莊謹銘
內頁排版：宸遠彩藝

社長：郭重興
發行人兼出版總監：曾大福
出版發行：燎原出版／遠足文化事業股份有限公司
地址：新北市新店區民權路108-2號9樓
電話：02-22181417
傳真：02-86671065
客服專線：0800-221029
信箱：sparkspub@gmail.com

讀者服務

法律顧問：華洋法律事務所／蘇文生律師
印刷：博客斯彩藝有限公司

出版：2021年12月／初版一刷
定價：400元

ISBN 9786269505555（平裝）
9786269505579（EPUB）
9786269505562（PDF）

國家圖書館出版品預行編目 (CIP) 資料

海上霸權：從捕鯨業到自由航行的海洋地緣史 / 竹田勇美著；鄭天恩譯. -- 初版. -- 新北市：遠足文化事業股份有限公司燎原出版, 2021.12
328 面 ;14.8X 21 公分
譯自 : 海の地政学 : 覇 をめぐる 400 年史
ISBN 978-626-95055-5-5(平裝)

1. 世界史　2. 現代史　3. 海權　4. 地緣政治

712　　110019909